別跟自己過不去

青少年情緒管理

謝芬蘭等◎著　林俐◎圖

自序

善用情緒自我管理

◎謝芬蘭

　　二十年前，當我第一本書完成時，我是個忙碌的母親、學校的輔導老師，那時台灣的大環境富裕又蓬勃，大家忙著改善生活品質，提升親子關係。輔導工作也刻意的被鼓舞，顯示著人們在物質充實之後，渴望探索心靈的階段。

　　我喜歡年輕人，喜歡成長中的生命，我的出版主題也都圍繞著青少年需求而定。其實，年輕人最怕嘮叨，所以我也嘗試各種呈現方式，希望年輕朋友們能夠打開心門的縫縫，多少吸收一些我的苦口婆心，當然我都盡量藏好囉唆的東西，

以便得到小讀者的信任。

今天的大環境，迥異於當年，現在年輕人的吸收資訊方式，呈現多元、多方位，這和網路架構的空中世界有關。平面資訊已經失去吸引力，文字表達和吸收較以往困難很多，出版界受到的衝擊更是空前的挑戰。

我很佩服幼獅公司這個大家庭，挺立在這樣的風浪，仍然努力為年輕人提供出版品，而我，在修身養性之餘，把心中滿滿的關愛，傻傻的就供出來。

　　這本關於情緒管理的書，想要表達的是：情緒的形成，是暗藏著長久以來累積的情緒經驗，經過偶發的情境事件，勾起內在相似的情緒感受習性。很多人都說：「沒辦法！情緒一來我就會變成這樣！」表面上看似無法改變情緒，其實是自己在引發情緒感受而不自知。只要我們有足夠的自覺，就可以從被動的受控於情緒，轉變成從情緒中更了解自己，更可以善用情緒自我管理。

　　我和幾個學生、晚輩：小舟、吉、靖哲、奇穎、澤文、辰辰、家穎，明知不可為而為之，

樂在其中。我們試著用網頁的特性表達小小的概念，是否能得到讀者的喜愛，不可預知，但是我們滿心歡喜的一起創作，希望這些文字多少夾帶著我們的善意，陪伴讀者們在探索自己的過程感到不孤單。

【目錄】

前　言

　　管理情緒，就是學會怎樣克制自己，從情緒發生到消退的過程中，能平和的紓解掉，停止讓情緒對自己和別人產生干擾。情緒要出現時常是由不得自己，普遍性的干擾著人，不論愉快或不愉快的情緒，都可以把人的注意力引離正常軌道。為了讓工作有效率、生活能平順愉快，保持平穩的情緒成了關鍵，「情緒管理」就變成一個被看重的議題。青少年正處於身、心快速成長的階段，對情緒處理更是極大的煩惱！

　　我們先來看一段很多國中生都熟悉的情緒小故事……

　　最近考試好多，作業也好多。偏偏在周末生病的小維賴在床上，作業沒寫，書也沒念。

　　不過老師從來不會同情他，老媽也不會，這禮拜又幫他安排了一個新的作文班，要他下課後去加強作文能力。「這下好了，所有人都當我是天才就是了。」小維一邊嘀咕著一邊趕著英文作業。志祥還在旁邊一直鬧，小維趕了他幾次沒用，只好讓他在旁邊繼續耍幼稚。

　　趕在最後一刻寫完歪七扭八的英文字母，英文老師抱著段考考卷走了進來，又是那套──大家成績都不夠理想，別班多厲害多優秀，你們要加油哪，不然作老師的我好丟臉之類。接著就開始發考卷。這些老師很愛來這招，要從分數高的開始唱名，然後把班上所有人用分數高低排出一個階級。「許揚維。90分。」小維的名字才念出來，教室後方便爆出一陣訕笑。到底有完沒完。

　　「進步了，不過還不夠，下次要更努力才

行。」小維領著考卷回到座位坐下，從頭到尾瀏覽過一次。算了，這些人從來都不會滿意，老爸也是，只會看我錯了多少題，不會看我對了多少題。

「下禮拜學校要舉行英文演講比賽，班上要推派一個人參加。」志祥搶著第一個舉手：「老師，我想推薦許揚維參加。」小維覺得這個人究竟是哪跟神經不對勁，這樣也要找他的碴。這苦

差事絕對是沒有人要自願的，班上一看見有人抓
出了一個替死鬼，全部的人都起鬨贊好，彷彿這
是一個絕佳的提議。而老師居然也沒有異議，沒
有人問過他的意願就這樣成了定局。全班的人都
看著他。

「嗯，許揚維今天下課後你來辦公室找老
師，我們來討論一下。」想著那些成山的作業，
困難耗時的習題，沒看完的書，還有下課後無聊
的才藝班，現在還要準備這鬼演講比賽，這世界
彷彿沒完沒了。

「後天的英文演講比賽，許揚維你準備好了
嗎？」這一兩個禮拜，老師總是要當著全班的人
這樣問。她是不是跟我有仇？為什麼老是跟我作
對？為什麼不叫那些考一百分的人去比賽？「哦
──我──我想差不多了，老師。」全班的人都
在看著他。「那等一下你來找我，我看看你的狀
況。」一顆斗大汗珠滑過小維太陽穴剛剛才擠破

的青春痘，教室悶熱，窗外蟬聲不絕，夏天又來了。

　　每一天彷彿都沒有止盡，今天下課後小維還要去上媽媽最近幫他報名的才藝班。抱怨也沒有用，大人們只會說：「這是為了你好。」要不然就是「你長大了之後就會感激我。」今天媽媽又沒來接他，十五分鐘後，打來一通電話，要他自己去吃晚餐，然後自己去上課。「記得，記得，千萬不要又遲到了。」「你今天還不是沒來接我。」小維在心裡咕噥。而且放學前才又被英文老師數落，「你這句文法不對，你這個字發音不正確，整個聽下來一點重點也沒有，你真的有在準備嗎？」回家的路上，小維想著英文老師的嘴臉，拿出家裡大門的鑰匙，趁著黑偷偷地刮過停在馬路旁的那輛小轎車。

　　比賽當天，小維站在麥克風前，面帶微笑對著講台下的全校師生鞠了一個九十度的躬，他用

食指輕輕地敲了兩下麥克風，整個禮堂的人的可
以清楚地聽到「嘍」、「嘍」兩聲。接著小維開
口說：

「你·們·全·部·都·是·白·癡·
嗎？」

這天入睡的時候。小維這樣幻想著。

導　讀

　　日常生活中，隨時都在發生事情，大大小小林林總總，有時我們可以一笑置之就過去了，也有的持續的累積，再累積。有很多人都被教會在日常生活中應對進退盡量要忍耐。當體內那些累積的感受，超過自己可以負荷的程度，這些動盪的能量就會開始尋找出口，一找到機會就會以外顯的方式輸送出來。這種由外在刺激或內在狀態所引起的自覺心裡失衡狀態，我們稱為「情緒」。

　　管理情緒，就是學會怎樣克制自己從情緒發生到消退的過程中，能平和的紓解掉，停止讓情緒對自己和別人產生干擾。情緒要出現時常是由不得自己，普遍性的干擾著人，不論愉快或不愉快的情緒，都可以把人的注意力引開正常軌道。為了能保持平穩的情緒，讓生活幸福快樂，「情

緒管理」就變成一個被看重的議題。

情緒是什麼？

情緒是身體感受的延伸，身
體和深層感受是緊緊相連的。各
種因外界所引起各種新的身體感
受，會和原來就存在體內的相關感受
會合，此時所有新舊相似的感受社群新組合的動
力，主宰並推動身體深層生理相關反應，自動浮
出身體表層的感官，像是害羞時會臉紅，緊張時
會冒汗，這種生化反應的發生是不自覺而無法控
制。要管理情緒，簡直像是要心臟聽話一樣難！
問題來了，身體的不自主神經既然不能控制，情
緒又怎能管理？

這就需要有心人安靜下來，專注去看清楚，
其中有一道很微細的關卡，它一直被人們忽略，
所以看不到改變的可能。

情緒到底是什麼？

　　每一個人都有一個身體，它時時保持活動狀態，即使是睡覺也不曾停止呼吸。身體為我們接收外來的所有訊息，也為我們執行每個想法和願望。

　　我們可以很簡單的發現，除了去看到、聽到、摸到、嗅到外在事物，我們還擁有許多自己看不見摸不到的功能，來處理吸收進來的刺激。比如：去分辨看到的花是什麼顏色？去確定眼前這個人我是否認識？思考我怎樣可以去到中正紀念堂？也就是以身體為界線，有一個「外在世界」，也有一個相對應的「內在世界」。

　　「外在世界」在外面，我們的生理構造比較看得見、聽得見外面發生的事情，就會占去了大部分的注意力。因為內在世界的運作，很多是自主神經幫忙執行，大家就習慣不去注意，反正不去管呼吸，也不會因此就窒息，不去管心臟，它

也不至於罷工。

　久而久之，人就只管外面發生的事情，對那個跟著我們移動的「內在世界」，卻常常因為看不見、聽不到，又不必去管它，漸漸成了一個陌生的世界。

　那麼，情緒是什麼？它就是從外在世界鑽進內在世界，再從內在變身冒出來的產物。

情緒怎麼產生？怎麼來、怎麼去？

　早上一起床，我還睡不夠，可是今天要期末考，我還沒有讀完，許多不如意的事情正在發生，於是我的心失去平衡，我開始感到厭煩、擔心，我想到上學期補考的痛苦經驗，許多負向的情緒就湧上來，把我淹沒了……我感覺非常痛苦。

　放學回家路上，意外地看到我一直很喜歡的小學同學，她比以前更好看，她很開心的來找我

說話。有一種愉快的波動在身體升起來，我想起以前常常只敢偷看著她，不敢跟她說話，現在能跟她自在的聊天，許多滿足的情緒湧上來環繞著我，真是太棒了……我感覺非常愉快。

仔細的回想一下，當你在類似的情況下，不管是愉快或是不愉快的情緒發生時，你的身體有哪些感受？很多時候我們會發現：呼吸起了變化，有時加快有時停住，也可能變得又快又急，也會深深的吸氣，大大的吐氣。接著可能：臉紅、頭皮發麻、起雞皮疙瘩……身體產生種種生化反應，我們就有了各種感受。

這些從身體傳達出來的感受，在身體的某個部位留下記憶，在將來相同情況發生時，就會自動被喚醒，為新的事件加油添醋，讓情緒得到養

分變得更激烈，也就是說身體有種功能，會記憶
著所有發生的感受，愈常發生的感受就愈會累積
變成一種習慣性反應，漸漸的人們會認定那些就
是他自己的個性。就開始變成「我……」，「我
的……」，而且深信這是不能改變的。

　　有了「我……」，「我的……」這個概念之
後，所有外來的感受很快就會被分類，去和已經
在身體裡面類似的舊有經驗合體，於是整個人就
被體內在世界新組合成的感受淹沒，這時情緒就
形成。

　　當外在刺激進到身體裡，某個感官系統開
始受理，深藏在內在世界的一些舊經驗記憶，也
會忙著加入陣容，情緒來了之後，於是相關的情
緒就不停地被強化，一直要到被自己這個主人注
意到，跟著就開始影響著主人，這些失衡通常會
帶來痛苦，為了處理情緒所帶來的失衡狀態，為
了逃開痛苦，人就會開始想辦法改變，啟動思考

和決定，然後化為行動，對外在世界所進行的事件，做出回應。

回應情緒時如果方法、方向得當，情緒就可以得到紓解，然後消失。人又回到一種平衡的狀態。過程中如果有一環出了錯，會衍生新的情緒，帶著身體去重新反應、重新思考行動，進入另一個新的循環。

情緒的升起可以簡化成五個步驟：外在刺激→身體反應→情緒形成（連結個人內在對感受的喜、惡）→詮釋（含蓋舊時經驗、記憶）→策略行動（可能是習性反應）。

舉個例子：一隻蚊子在耳邊嗡嗡叫著（外在刺激），身體立刻感到一種被威脅緊張（身體反應），感到很厭煩（情緒形成），你想起有一次一個晚上被叮了二十幾個包真是災難（含蓋），於是你決定要先下手打死蚊子（策略），當下伸手往臉頰拍去（行動）。如果順利拍到蚊子，

很快這個小小的情緒就會消失。如果沒打到，產生新的情緒，可能是生氣可能是挫敗，情節就會繼續，可能你會採取更激烈的策略和行動。情緒是由感受延伸出來，感受和呼吸一樣無時無刻地存在，是聯繫內在世界和外在世界的通道，可惜我們的感官結構，無法公平的對待內外在世界，所以我們要學會如何往內去觀察我們的「內在世界」，才能清楚的認識我們自己和真實的存在，不被自己的成見和習性所控制而不自知。情緒來無影去無蹤，又會累積又會影響個人，怎樣可以紓解情緒？萬一情緒來的當下，我們沒有足夠的時間處理他，怎樣可以不讓情緒立刻爆發？這也可以是管埋的一環。

許多人已經將情緒管理當成一門學問來學習，邀請你也一起來學習認識它！

情緒進行五步驟

情緒的五步驟：外在刺激→身體反應→情緒形成（連結個人對感受的喜、惡）→詮釋→策略行動（可能是習性反應）。

前兩項外在刺激→身體反應，是我們無法自由決定要不要發生的項目。人無法做到的事情很多比如：要不要有白天或夜晚；人也很難不怕痛不怕癢。所以這種無法改變的外在變化本書不做太多探討。

情緒形成這個部分，我們可以從不自覺練習到可以覺知，這是可以被改變、可以練習的。我們對此有比較多的討論。

至於詮釋（含蓋舊時經驗、記憶），讀者可以透過了解，重新作決定。此時適時補充一句有用的話，我們稱為「內語」。

「內語」，意思是內在世界的對話，自己跟自己說話。這是直接影響策略行動的一把鑰匙，

它有效的發生時間點是在「詮釋」，當想法和記憶浮現出來時加入一句對自己有用的話，有機會扭轉習慣性，作出對自己有利的策略，與對的行動，讓情緒得到紓解消退。

最後的策略、行動兩個步驟，由於行動是跟著策略走，策略是跟著個人的詮釋和習慣性所產生，很難有定論，人很難把別人的建議全數接收，一則是個人看法不同、一則是個人執行的手法也不同，如果給讀者建議，常是不適用的，說不定還會產生誤導。我們對每個個體有一定的信心，人都有自救、自我決定的潛力，只要方向對，情緒穩定，自然會度過所有的關卡，而從中得到學習。

讓我們先透過（圖一）來瀏覽一下，情緒是怎樣在運作。

靠左向下發展的流程，是情緒的走向圖，在不同階段有不同的

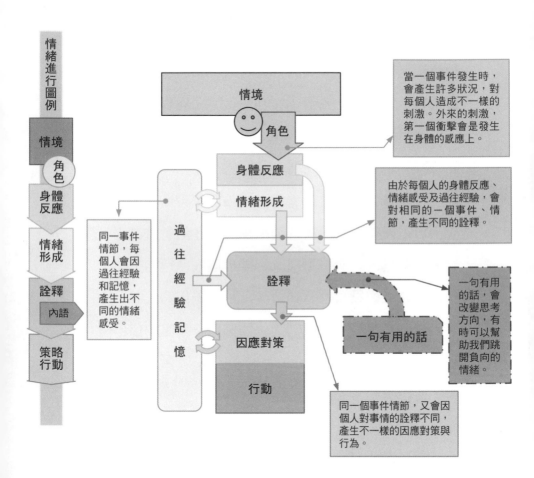

情緒進行圖例

情境
角色
身體反應
情緒形成
詮釋
內語
策略行動

情境

角色

身體反應

情緒形成

詮釋

因應對策

行動

過往經驗記憶

一句有用的話

當一個事件發生時，會產生許多狀況，對每個人造成不一樣的刺激。外來的刺激，第一個衝擊會是發生在身體的感應上。

由於每個人的身體反應、情緒感受及過往經驗，會對相同的一個事件、情節，產生不同的詮釋。

同一事件情節，每個人會因過往經驗和記憶，產生出不同的情緒感受。

一句有用的話，會改變思考方向，有時可以幫助我們跳開負向的情緒。

同一個事件情節，又會因個人對事情的詮釋不同，產生不一樣的因應對策與行為。

圖一：情緒總圖

因素介入融合，產生交互作用，情緒可能透過行動而消退，也可能因為行動而產生新的情境，重新開始另個情緒流程。

　　靠右邊的流程，則是流程在日常生活中發生的情況。後面的故事，都架構在這個流程上，提醒讀者帶著這個概念，邊看別人的故事，邊檢核自己內在世界是怎樣被這個刺激，帶著走到自己的情緒流程，如果你這樣做到了，是表示你已經有了初步的覺察能力，真的太棒了！

情緒破解

情緒
進行
圖例

情境

角色

身體
反應

情緒
形成

內語

詮釋

策略
行動

　　為帶領讀者們可以了解前文敘述的角度延展本書後面所有的故事並了然於胸，特別將案例切割敘述。也許您已經知道情緒破解，是為了讓大腦準備好用正確的方式去破解情緒的困境，所以為大家設計了這招「內在結構解析」的獨門手法，幫我們的大腦設定好故事的背景平台，後面敘述的案例就可以簡單的套用，請您仔細欣賞！

情境

　　今天是小凡生日，她期盼好久的慶生會就在今天，她心中暗暗的期待，最讓她在意的阿宗可以在今天給她難忘的禮物；而早早準備了禮物的阿宗也希望能給小凡最棒的一天，卻在一早全家匆匆趕著出門時，把禮物忘在客廳桌上沒有帶出來；但大家準備的生日會在放學後就即將展開，

若是趕回家再趕過去，也一定趕不上慶祝的時刻。

　　硬著頭皮出現在慶祝會上，卻發現同樣在追求小凡的小凱準備了相當精緻的禮物，而且收到禮物的小凡這麼說：「這是我好久前就希望得到的耶！」

　　一旁，一直很清楚阿宗在追求小凡的君君，發現了阿宗不一樣的臉色。

　　讓我們先停格這個畫面，觀察瞬間所發生的真相。

　　阿宗，一個功課中上、有著許多才藝，卻在個性上略顯拘謹放不開的男孩。之前把對小凡的感覺化成行動，不斷地藉由手機、網路跟小凡有著熱絡的聯繫，也是鼓起了相當大的勇氣。本想利用這次的禮物跟卡片，把心中的喜

情緒
進行
圖例

情境
阿宗

身體
反應

情緒
形成

內語
詮釋

策略
行動

情緒
進行
圖例

情境

阿宗

身體
反應

情緒
形成

內語

詮釋

策略
行動

歡表達出來，卻因為家裡一早的混亂，把精心準備又包裝妥當的禮物，放在客廳；他隱約知道小凱對於小凡的追求，卻在今天，阿宗像被將了一軍。心中百感交集，五味雜陳……

當一個事件發生時，會產生許多狀況，對每個人造成不一樣的刺激。外來的刺激，第一個衝擊會是發生在身體的感應上。

　　這裡以阿宗為主，從身體的不同感受而引發出來的各種情緒，會有多少種可能結果？

這時阿宗幾乎聽到自己的心跳聲，他感到一股熱氣從背脊往上衝，大大的吐了一口氣，手不自主抓弄著頭髮，心中感到無限的懊惱。

阿宗低著頭，眼睛盯著地上，忍不住嘆了一口氣，感到自己的心在往下沉，頭垂得更低了，兩隻手也任其下垂，感到很**沮喪**。

阿宗咬著下嘴脣，拳頭握了起來，敲了幾下頭，額頭上冒了幾粒汗珠，用力眨了幾下眼，感覺到相當**自責**。

阿宗咬著牙，臉漲紅了起來，兩手用力的握起拳來，身體微微顫動，感覺到很**生氣**。

阿宗感到心縮成一團，倒抽了一口氣，呼吸加快，油然而生**擔心**的感覺。

同一個事件情節，每個人會因過往經驗和記憶，及所占的比例不同，產生不同的情緒感受。

情緒進行圖例

情境

阿宗

身體反應

情緒形成

內語
詮釋

策略行動

別跟自己過不去

情緒
進行
圖例

情境

阿宗

身體
反應

情緒
形成

內語

詮釋

策略
行動

在各種情緒被勾起之後，也因此喚起一些舊時的經驗，那個經驗裡的情緒也被喚醒，於是就摻雜在一起，看當時情境當事人感受到的情緒比較偏向哪一種而決定下一個情境的發展。

在事件發生的當下，阿宗心中感到無限的**懊惱**，因為：

阿宗每次在考試時的壞習慣，讓他在檢討的時候相當懊悔，他總是因為愈念愈快、愈輕忽，而對於比較後面的章節沒有好好準備、馬虎帶過，而往往在考試當下不知從何下筆，這樣的情況不斷地發生，就像是準備禮物一樣，在最後關鍵時刻，因為自己的大意，而讓自己懊悔了。

而在事件發生時，阿宗感到很**沮喪**，因為：

從進入國中以來，阿宗第一次願意把自己對人的感情表達出來，本以為整體的配合能夠

天衣無縫，與君君已經討論了許多次，也拿到文具店請店員做最仔細的包裝，原本希望可以看到小凡可愛的笑容對自己滿滿的感謝，也讓自己可以融入在小凡的快樂之中，現在因為這個小疏忽，而讓自己跟這樣的機會錯過。

在這個時刻，阿宗感到相當**自責**，因為：

從小，單親家庭長大的阿宗就負責打點自己的生活，很多生活上的小事情都是自己面對與處理，媽媽對於阿宗的要求也只在於要對自己負責，不要讓媽媽擔心，每當家裡事情沒有處理好，讓媽媽多念幾句話，阿宗就會不斷地責備自己，認為自己沒有幫媽媽，還讓她多操心，就連這次的生日禮物也是一樣，自己應該要注意的卻沒有叮嚀自己，而讓喜歡的人失望。

情緒進行圖例

情境

阿宗

身體反應

情緒形成

內語

詮釋

策略行動

情緒
進行
圖例

情境

阿宗

身體
反應

情緒
形成

內語

詮釋

策略
行動

在這樣的情境裡，阿宗感到很**生氣**，因為：

曾經，阿宗跟小凱提到自己對於小凡的好感，那時阿宗並未發現小凱對他隱藏喜歡小凡的心情。

今天阿宗才發現原來小凱也早早用心準備小凡的生日禮物，而且是阿宗沒有辦法負擔，小凡又最想要的那份禮物。

碰到這樣的情況，阿宗油然而生**擔心**的感覺，因為：

隨著在網路的互動與日益熟悉，相約出遊看電影，阿宗已經漸漸對小凡放開了心防，這是一個人在家的他所不曾體會過的，他一直覺得：好不容易我遇到了小凡。

然而今天的情況，卻讓阿宗覺得：我是不是就要失去這個喜歡的人了？

擔心的背後，阿宗隱約感到一些害怕。

由於每個人的身體反應、情緒感受，及過往經驗，會對相同的一個事件、情節，產生不同的詮釋（含價值觀、家教、文化差異等）。

阿宗對於事情一向追求完美，因為從小媽媽不斷地叮嚀做事情要小心，使得阿宗對於做事的態度是要好好計畫不要後悔漏掉任何細節，的確很多次的經驗都讓他發現媽媽的叮囑總是很靈驗，更加強了他對於事情的要求，以免每每在事情最後出錯時感到懊悔。

阿宗心中感到**懊悔**，是因為他對於今天的詮釋「屬於不完美的」。如同很多事件一樣，最後「帶禮物」關鍵步驟上的閃失，造成整個事件的不完美。

◎　　◎　　◎

阿宗從小就只能自己跟自己相處，就算有什麼事情想要找人討論，往往因為媽媽總是不在家，而他也不知道該不該信任別人、該怎麼

情境

阿宗

身體
反應

情緒
形成

內語

詮釋

策略
行動

情緒
進行
圖例

跟人討論心裡的事情，而只能自己放在心中。
這一次可以和小凡聊天，從陌生到熟悉甚至到
有點習慣，阿宗在面對小凡的時候，變得會想
要有更被了解，也想對小凡有更進一步了解，
跟她分享很多事情的感覺。

　　阿宗心中感到**害怕**，因為他對於今天的詮
釋「我可能會失去」，至於會失去的是什麼？
其實他也不太確定，是怕失去那種在溝通中會
開心的感覺？或是怕失去那種可以跟一個人分
享很多事的機會？

　同一個事件情節，又會因個人對事情的詮釋
　不同，產生不一樣的因應對策與行為。

故事接下來可能有不同的發展：

　　阿宗的媽媽對於阿宗交友情況一直相當
注意，這一次阿宗跟小凡間的互動則被阿宗保
護得相當完整，媽媽只知道最近他花在網路上

的時間似乎有增加、同學間的邀約也有比以前多，阿宗一直在思考，到底要在什麼機會，讓媽媽知道跟小凡間「不太一樣的」感情。

當阿宗**懊惱**時，通常會一直責備自己，為了不讓別人對他印象不好，他會努力的在別的事情上表現的更好來做補償，這個事件上，他為了不讓小凡失望，他決定了他的**策略**：

◎　　◎　　◎

立刻趕回家把禮物拿來，並加上原本要送媽媽當母親節禮物的小盆景，他相信他的禮物不會讓小凡失望。至於媽媽的禮物他還有時間去準備。這樣一來，雖然要多花車資和補禮物的費用，但可以彌補一切。

於是他的**行為**是：悄悄告訴君君他的決定，並請她幫忙解釋，自己就找機會離開去執行。

當阿宗**害怕**時，總是想找人作伴一起商量，他的**策略**是：

情緒進行圖例

情境

阿宗

身體反應

情緒形成

內語

詮釋

策略行動

情緒
進行
圖例

情境

阿宗

身體
反應

情緒
形成

內語
詮釋

策略
行動

◎　　◎　　◎

先和君君討論，再用手機傳簡訊向小凡解釋。

於是他的**行為**是：找機會把君君拉到一旁，討論該怎麼傳簡訊。

一句有用的話，會改變思考方向，有時可以幫助我們跳開負向的情緒。

針對**懊悔**的情緒時，可以告訴自己

・之後再拿給她，還可以再約會一次。

・今天最重要的是壽星，要一起開心才對。

針對**害怕**的情緒時，可以告訴自己

・沒有及時送出禮物也不會影響我們累積的感情。

・感情不是以送不送禮物這件事情來衡量的。

另外……

雖然處於同樣一個時空裡，經驗著同事件，也會因每個人扮演角色、或切入角度的不同，產生出不同的情緒感受。

 角色：小凡

對於**小凡**來說，打從跟阿宗漸漸熟悉以來，就一直很期待生日的到來，希望能夠得知阿宗心中的是否對她有好感；但既然他出現了，怎麼會空手來？這是表示什麼呢？

另一方面，沒有特殊情感的小凱卻這麼貼心找到她最想要的東西，小凡想要給阿宗一點刺激才行。

 身體反應

如果你是小凡……

· 看著小凱的態度，你有什麼感受

 情緒
進行
圖例

 情境

小凡

 身體
反應

情緒
形成

內語

詮釋

 策略
行動

情緒
進行
圖例

情境

小凡

身體
反應

情緒
形成

內語

詮釋

策略
行動

・對於阿宗的表現，心中會覺得

＿＿＿＿＿＿＿＿＿＿＿＿＿＿＿＿＿＿

情緒形成

　　想想看，在這個故事裡，在小凡的角度上，你會有什麼情緒產生呢？什麼樣的想法會有這些情緒呢？

　　你覺得下列的這些，有沒有小凡在這個情境下會被帶動的情緒：

懊惱

生氣

失望

不安

傷心

討厭

策略行動

　　看著空手來的阿宗，小凡有滿滿的疑問，卻又不能像在網路上直接問他；不是很樂意的要來參加生日宴會嗎？不是說會幫我準備很棒的禮物

嗎？是對我沒有好感嗎？小凡想要試試看，要給阿宗一點刺激。就算這個禮物並非真正很喜歡，「這是我好久前就希望得到的耶！」這句話還是刻意的被說出。

角色：小凱

小凱第一次注意到小凡是某天跟媽媽去吃喜酒時，發現略微打扮的小凡有讓人驚豔的感覺，而開始對於小凡展開追求，但總是沒有獲得期待的回應。這次準備的禮物獲得小凡這麼好的反應，讓平時相當注意外表的他，也難得顯出意外的呆滯感。

身體反應

如果你是小凱……
· 小凡的反應，會讓你感到

情緒進行圖例

情境

小凱

身體反應

情緒形成

內語

詮釋

策略行動

情緒
進行
圖例

情境

小凱

身體
反應

情緒
形成

內語

詮釋

策略
行動

・看到其他在場的朋友的反應，你會覺得

_____

情緒形成

想想看，如果你是故事裡的小凱，你會有什麼情緒產生呢？什麼樣的想法會有這些情緒呢？

你覺得下列的這些有沒有小凱在這個情境下會被帶動的情緒：

竊喜　　　　　　　　得意

　　　　　吃驚

　　　　　　　　　　　　　　害羞

滿足

　　　　　　　不安

策略行動

一直以來有意無意的對小凡的關心，總是沒有得到好的反應，總是捉摸不到小凡的喜好，自己認為小凡會喜歡聊的話題也都是沒有正向回應，當初要來參加生日會也還是自己去問的。但

沒想到今天的進展真是給自己一劑強心針，自己
應該是還有機會的，接下來就準備要乘勝追擊！
或許哪天，準備告白時就可以夢想實現了。

角色：君君

君君一直以來就是小凡無話不說的好朋友，
也是一路當著阿宗追求小凡的顧問角色。本來阿
宗準備的禮物在君君的建議下也重新挑過了一
遍。

看著小凱送給小凡的禮物時，阿宗變化極大
的臉色……

身體反應

如果你是君君……

· 小凡快要被小凱的攻勢打動了，你的心情會

_____

· 看到阿宗的反應，你心中會感到

情緒
進行
圖例

情境

君君

身體
反應

情緒
形成

內語

詮釋

策略
行動

別跟自己過不去

情緒
進行
圖例

情境

君君

身體
反應

情緒
形成

內語

詮釋

策略
行動

・對於小凱的行動，你會覺得

情緒形成

想想看，你站在君君的角度上，會有什麼情緒產生呢？什麼樣的想法會有這些情緒呢？

你覺得下面列的這些，有沒有君君在這個情境下會被帶動的情緒：

羨慕　　　　　　　　　　心疼

自責

同情

遺憾

策略行動

原本樂見其成的當著顧問，一面聽著小凡的心情起伏，一邊又暗暗告知阿宗一些該注意的小

事情，事情進展順利，卻在生日會上見到阿宗空手進來，趕忙上前詢問，卻只聽到不好的消息。該怎麼幫阿宗呢，等生日會結束後要跟小凡解釋一下，要幫阿宗再製造次機會才可以。

情緒進行圖例

情境

角色

身體反應

情緒形成

內語

詮釋

策略行動

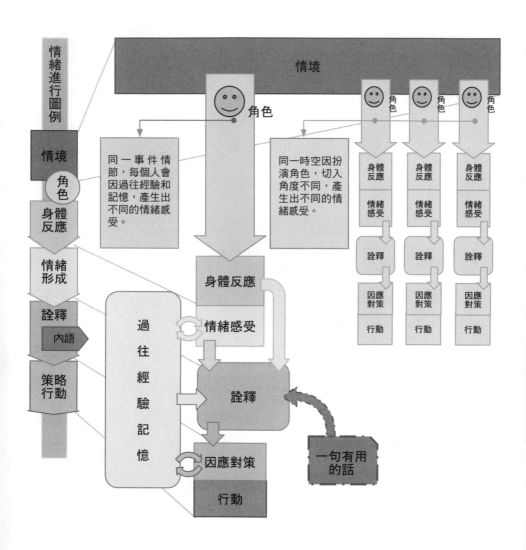

別跟自己過不去 44

圖二：情緒破解

你是情緒主人？

你管理過你的情緒嗎？

是什麼原因會讓無形的情緒可以影響到人的行為舉止？

確實是有一個無形卻強而有力的力量在運作，它來自身體；當你需要努力工作時，卻因為很傷心，而身不由己，無法工作。當你需要上台演講時，卻因為緊張而結結巴巴，無法漂亮演出。

誰是情緒的主人？誰能管理它？

所謂管理，就是平常就要去管教整理。自己管教自己，就像小時候父母管教小孩一樣，對的時候要做出好的決定，在危險的時候去制止事情發生，這些作法，可以幫助孩子長得比較健康；

比較容易快樂。所以管理情緒是自己當主人的時候，連爸媽都做不了主，就好像你有了許多需要去管理的小孩，只有你有權利和辦法。

key：感受

要管理情緒的唯一關鍵，就在感受！

失敗了嗎？結果是如何？

感受原本是很單純的一種反應，是身體和外界接觸時發生的生化反應，是用來幫助人可以及時逃生或和諧的和環境相處。又因為人是活動的，所以人的感受是不停地在發生，感受本身沒有好壞，是因為我們有許多過去經驗，被記錄在身體，當身體起反應時，記憶常常被喚醒，這些記憶中的感受加入陣容，讓感受新舊交融。

由於每個人各自的經驗和成見，汙染了這些感受，當下發生的感受，在剎那間就被舊經驗拉

攏，變成舊時經驗的出口，像萬國旗一樣拉出一
長條故事，而這些綜合體就以情緒的姿態出現，
它已經不是單純的感受反應了，情緒就此形成。

　　情緒透過自己身體的演出，於是像連續劇般
讓自己信以為真。情緒就因此正式接管了正在發
生的事情，原本可以只是單一事件，卻變成了自
己一輩子故事的延伸。如此就讓
人以為：「我也沒辦法！我
就是這樣啊！」

　　我們再複習一下情緒
的升起：外在刺激→身
體反應→情緒形成（連
結個人對感受的喜、
惡）→詮釋（含蓋舊時
經驗、記憶）→策略（可
能是習性反應）→行動。

情緒管理，究竟要管理什麼？為什麼要管理？

　　情緒是無影無形，要管理無形的事物，首先要弄清楚你的對象在哪裡，他們怎樣運作，怎樣發生影響，才有可能徹底改變，這需要長時間的培養和修正。愈早知道竅門，愈能學會和情緒相處，並且能順著情緒的能量，幫助自己適時衝刺或是休息，讓生活更順暢。

　　當身體與外界接觸的時候，身體會產生不同的感受，人們從小就被教會對許多事情有好壞對錯的詮釋，比如火是危險的，小時候還沒碰到火，已經被訓練不可以靠近火、玩火。於是長大後看到火就會有一種不舒服

的感受被喚醒。像這
樣，每個人對身體
感受，很多都有了
既定的成見，加
上成長過程不停
累積類似的經驗，
更增強了感受的強烈
度。很容易我們就可以找到身邊怕火到過度緊張
的事例，他可能成為父母之後，變得更嚴格的制
止他的小孩和火接近，這種情緒被拷貝，不自覺
的加諸在身上，幾乎人人難以倖免。

通常人都可以覺知到自己是否正在某種情
緒當中，知道自己正在生氣、正在傷心、正在沮
喪……但很多時候人們會因為不喜歡這種情緒的
後果，而不自覺忽略了情緒已經在作祟，像是嫉
妒、挑釁、幸災樂禍……，每種情緒都會伴隨身
體反應，有些人比較敏感，容易覺察到，有些人

則是刻意忽略身體的訊息。正確的態度是從身體反應所帶來的訊息，真實的解讀，才能接受正在發生的事情，做出正確的判斷與回應。

　　所有的情緒，都會隨著時間不停地起變化，升起了，滅去了，這是情緒的特質，你很難持續生氣一整年，也很難保持驚喜一整天。情緒有不同強度也會累積，這要看你在情緒來的時候，餵了它多少養分，也決定在你平時怎樣管理你的情緒。

接下來的故事，要請讀者帶著〈情緒破解〉的概念，套進故事中，而左右兩邊的「情緒進行圖例」指出情緒正在進行的位置，以便可以簡單想起每個階段。

不好意思

情緒
進行
圖例

情境

小穎

身體
反應

情緒
形成

內語

詮釋

策略
行動

情境

情境

小穎

小穎是個個性直爽、有膽識、和男生相處很自然的女生，她的人緣很好，不管男生女生都會找她商量事情，她盡量公平的對待朋友，但對膽小或受苦的同學特別好，給人很man有俠女的印象。

身體
反應

這天體育課回來，小穎在抽屜裡發現了一個神祕的禮物，她仔細看了抽屜，也沒有其他的紙條或者卡片，她納悶著這東西是打哪來的。她按耐不住好奇心，往兩旁看了一下，確定沒有人注意的狀況下暗地裡打開了盒子，結果發現裡面是條精美的項鍊，看起來價值不菲。丈二金剛摸不著頭腦的小穎不知道該怎麼看待這樣一份貴重的禮物，正當她想著出神的時候，以恩拍了一下她。

情緒
形成

這時，以恩看到小穎手中的那個項鍊盒，一把奪了過去。「哇，好漂亮呵，哪來的啊？」小

內語

詮釋

策略
行動

情緒
進行
圖例

情境

小穎

身體
反應

情緒
形成

內語

詮釋

策略
行動

穎一時語塞，支支吾吾的答不上來，方才以恩的大嗓門已經吸引了旁邊不少人的注意，人群漸漸包圍過來。以恩還把項鍊遞出去給大家看，小穎一時之間不知如何是好，想把項鍊搶回來，卻撲了空，看到她著急的神情，大家覺得事情一定不尋常。有八卦！

小穎的同學此起彼落的尋她開心，說一定是有人喜歡小穎，說好幸福呵，說男生愛女生羞羞羞，直到上課鐘聲響起，老師走進教室，班上還是鬧轟轟的。老師扯大了音量說上課了上課了，回位置坐好。此時調皮的小陳卻高高的舉手說：

「老師！有人送了小穎一條好漂亮的項鍊！他喜歡小穎耶！」

身體反應

・臉頰泛紅偷笑低頭。

・身體有微微的酥麻感。

・冒汗。

情緒進行圖例

・🔵 情緒社群

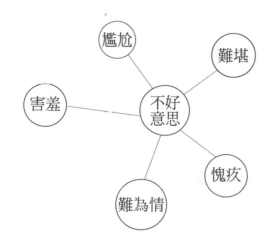

情境

小穎

身體反應

情緒形成

內語

詮釋

策略行動

・🔵 聯想（會被勾起的想法或故事，或往事）

・這個禮物是要給我的嗎，會不會放錯了？

・以恩能不能小聲點？幹麼這樣張揚啊！

・這麼漂亮的項鍊，應該花不少錢吧？

・到底是誰送這個禮物，也不說一聲，這樣我怎麼收啊！

別跟自己過不去

情緒
進行
圖例

情境

小穎

身體
反應

情緒
形成

內語 ▶
詮釋

策略
行動

📖 內語（給自己的一句好用的話）

・靖：沒有人會在乎，沒什麼了不起的。

・吉：能夠收到別人表示欣賞的禮物是好事，表示自己有值得肯定的地方，不需要不好意思。

・姥：年輕的感覺真好！

・聖嚴法師：面對它、接受它、處理它、放下它。（摘自《聖嚴法師108自在語》）

📖 姥話姥話

　　青少年情竇初開，是人生最美的階段。純純的愛，讓許多人終身難忘，深深埋在心底。這時候體內賀爾蒙分泌產生的變化，讓人神智不清，矇矓而美妙。這種無可取代的感受，大多人都會像是飛蛾撲火奮不顧身的投身；也很多人因此上癮，一輩子都在追求這種戀愛的感覺，稱為浪漫。

　　往往家長嚴禁青少年談戀愛，常以過來人的

姿態告誡，可惜常常成了親子的戰爭。

　　年輕人，萬一你碰到了浪漫，要擁有它，唯一的方法就是保持距離，才能保持它的美麗。

情緒
進行
圖例

情境

小穎

身體
反應

情緒
形成

內語

詮釋

策略
行動

害羞

情緒
進行
圖例

情境

小穎

身體
反應

情緒
形成

內語
詮釋

策略
行動

情境

項鍊事件之後小穎一直心神不寧，沒有人出面承認，也沒有消息說到底是誰送來的，小穎有如陷入五里霧中。真的是送給我的嗎？會不會是有人放錯了呢？如果真的是送給我的，那又是誰送的呢？是志祥？是小陳？還是小家？會是小家嗎？不可能，不可能。

其實她最希望送禮的人正是小家。

是的，就是小家。小家一直喜歡著小穎，雖然平常和小穎的感情像哥兒們一樣，卻深深受到小穎活潑又開朗的個性吸引，在反覆思考之後，這天，放學之後，小家主動開口問小穎要不要去豆花店吃豆花，小穎爽快的答應了。小家發現這天小穎戴著他偷偷塞到她抽屜裡的項鍊，忍不住的說：「你戴這條項鍊很好看。」小穎面對突如其來的稱讚，一點也不像平常大方的她，反倒整個人的臉紅通通一片。

情緒
進行
圖例

情境

小穎

身體
反應

情緒
形成

內語
詮釋

策略
行動

情緒
進行
圖例

情境

小穎

身體
反應

情緒
形成

內語

詮釋

策略
行動

　　吃完豆花小家陪著小穎散步回家的半路上，小家終於提起勇氣想告訴小穎說：「你知道嗎，你那條項鍊是我送的。」小穎聽到之後雙腳就像石頭一樣不聽使喚，再也動不了，她拚命低著頭，不敢抬頭看小家。小家這時候結結巴巴的說出他對小穎心裡的感覺，小穎字字句句都聽進了心底。

　　「小穎，其實我喜歡你很久了。」

　　小穎沒有任何動作，她只覺得兩片臉頰熱辣辣的，她想找個地方躲起來，但是他更想聽小家說的話，而不見小穎任何反應的小家不知道哪來的膽子，拉住了小穎的手。

身體反應

・心跳加速。

・玩手指頭。

・臉頰泛紅偷笑低頭。

・身體有微微的酥麻感。

・手心冒汗。

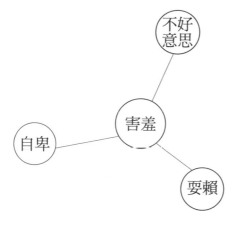 情緒社群

 聯想（會被勾起的想法或故事，或往事）

・ㄞㄞ，終於跟我告白了。

・原來這就是戀愛。

・他該不會要親我了吧？

・會不會被爸媽知道呢？我可以談戀愛嗎？

情緒
進行
圖例

情境

小穎

身體
反應

情緒
形成

內語

詮釋

策略
行動

情境

小穎

身體
反應

情緒
形成

詮釋

內語

策略
行動

情緒
進行
圖例

 內語（給自己的一句好用的話）

‧我要弄清楚到底自己怎麼了。

‧靖：踏破鐵鞋無覓處，得來全不費工夫。

‧辛棄疾：眾裡尋他千百度，驀然回首，那人卻
在燈火闌珊處。

‧聖嚴法師：能要、該要的才要；不能要，不
該要的絕對不要。（摘自《聖嚴法師108自在
語》）

姥話姥話

危險！危險！原諒老人的吶喊。

小心！這是走出純純的愛的安全範圍，只
要你經歷過這個階段，你就會知道，身體要接收
你的腦袋了。青少年的生理成熟度幾乎和大人一
樣，所有的身體接觸，都把男女帶往出亂子的地
方，所以真的真的要小心！女孩們踩煞車！

情緒進行圖例

情境

小穎

身體反應

情緒形成

內語

詮釋

策略行動

別跟自己過不去

64

難為情

情境

有志

身體
反應

情緒
形成

內語

詮釋

策略
行動

 情境

在捷運上突然看到了志祥，他身邊還有一個空位。有志本想裝作沒看到，迅速的走過去，結果還是被志祥發現了，他大聲的叫了有志的名字，也不怕打擾到列車上的其他人，並且示意他

身旁的位子沒有人坐。有志只好裝作剛剛並沒有看到志祥的樣子，做出一個驚訝的表情，然後跟志祥說：真巧。有志並不喜歡志祥這種學校裡的風雲人物，行事高調，作風也是一派的囂張，特別是昨天他在校園裡那樣羞辱筱玲之後。

「ㄟ，你看對面那個正妹，腿好長好白。」而且志祥老是一副精蟲衝腦的樣子，特別愛談論女生。有志朝那女人的腿瞥了一眼，正巧被那女人的眼神逮個正著，他連忙低下頭。真尷尬，他心裡想。志祥用手肘擠弄著有志，問說怎麼樣怎麼樣，他眼光是不是很好？你覺得怎麼樣？有志吞吞吐吐的小小聲地說了句：還不錯。

「看來你不喜歡這一款的呵。」志祥不懷好意的猜測。有志覺得其他人都往他們倆這邊看來，志祥的音量真的很大。「怎樣，是胸部不夠大嗎？」有志真的不愛和其他男生討論女生。他們都愛大眼睛，長頭髮，大胸部，白皮膚，和修

情境

有志

身體
反應

情緒
形成

內語

詮釋

策略
行動

66

情緒
進行
圖例

情境

有志

身體
反應

情緒
形成

詮釋

內語

策略
行動

長的雙腿。有志一向不熱中參與異性話題,他冷冷的反應突然被志祥奚落是不是喜歡男生。有志急忙辯解,哪有哪有,但接著反而被追問:「那不然你喜歡怎麼樣的女生?」

他吞吞吐吐的表情總會讓志祥以為他還嫩,喜歡裝害羞。其實有志心裡有個祕密,每當節目上出現小甜甜,他心裡總是偷偷埋怨導播為什麼不給小甜甜多幾個鏡頭,多幾個角度,看著小甜甜講話,他就會忍不住在電視前面傻笑。沒錯,他喜歡的是小甜甜那樣肉肉的女生,他偷偷暗戀著班上昨天才被志祥欺侮的筱玲。但是他從來都不會說,他不願意讓其他人知道。想起昨天在走廊上哭倒的筱玲,有志起了生理反應。有志只好把背包搬到腿上。

「ㄟ,要下車了。」志祥說。然而此時,有志隆起的褲襠還沒有消去。

身體反應

· 身體僵硬、緊繃、冒汗。

· 頂著帳棚站不起來。

· 沉默，陷入思考、左右為難。

· 眼神飄忽，不能注視對方眼神。

· 有時會出現口吃。

情緒社群

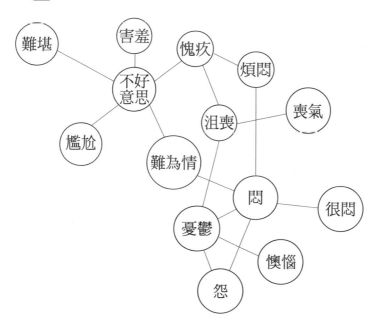

情境

有志

身體
反應

情緒
形成

內語
詮釋

策略
行動

情緒
進行
圖例

情緒
進行
圖例

情境

有志

身體
反應

情緒
形成

內語

詮釋

策略
行動

 聯想（會被勾起的想法或故事，或往事）

· 旁邊這麼多人，不能小聲一點嗎？

· 真想找個洞鑽進去。

· 碰到這傢伙真倒楣。

· 小甜甜真是太棒了！

· 唉！小老弟真不合作！

內語（給自己的一句好用的話）

· 證嚴法師：不怕事多，只怕多事。（摘自《靜思語錄》）

· 聖嚴法師：感謝給我們機會，順境、逆境，皆是恩人。（摘自《聖嚴法師108自在語》）

· 古人有云：鐘鼎山林，人各有志，不可強求。

· 先想辦法遮一遮吧，一下就會過去。

姥話姥話

　　愈害羞的人，愈容易感到難為情。這和每個

人的罩門有關，有人怕黑有人怕累；有人怕吵有
人怕靜。

　　所有害怕的背後，都藏有每個人刻骨銘心的
故事，這些不同的傷口，唯一相同的是，他們就
是你的功課。

　　所以才會變成為個人的「最怕」、成了「死
穴」。

　　俗語說：「愈驚愈著！」你愈忌諱的事情愈
容易發生在你身上。

　　也許我們無法改變它，卻可以接受它。至少
面對時，自己不是毫無辦法的抱頭鼠竄。

情緒
進行
圖例

情境

有志

身體
反應

情緒
形成

內語

詮釋

策略
行動

尷尬

情境

小映

身體
反應

情緒
形成

內語

詮釋

策略
行動

情緒
進行
圖例

情境

女生很難不去注意到小成，他可是學校裡日漸有名的角色，成績好之外，籃球也打得好，鍛鍊出一身健美的體格，讓女生們總是在私底下偷偷談論他，日子久了，好口碑不脛而走。很多人都好奇，都想問：小成究竟有沒有喜歡的人？

小映是個美若天仙，個性害羞的女孩，她也深深的被小成的個性和長相給吸引。小映身邊的姊妹們都覺得她跟小成很相配，所以就起了主意要把他們湊合在一起，整天都在身邊慫恿她去和小成告白。

「ㄟ，小成現在沒有女朋友耶。而且我聽說他喜歡你呵。」小映聽了心中一動，但是第一反應還是覺得怎麼可能。不過朋友們起鬨次數多了，小映在心中開始相信小成是有那麼一點點機會也喜歡自己的。

「你這麼漂亮，跟小成這麼配，金童玉女，

情緒
進行
圖例

情境

小映

身體
反應

情緒
形成

內語
詮釋

策略
行動

情緒
進行
圖例

情境

小映

身體
反應

情緒
形成

內語

詮釋

策略
行動

郎才女貌,他不喜歡你還能喜歡誰啊?」小映臉上泛起一陣紅暈,直說討厭,但是心裡已經是一陣小鹿亂撞,在朋友三番兩次的鼓勵以及催促之下,這天,小映提起了勇氣約小成中午一起吃午餐,小成迅速的說了聲好。小映聽了整個人是心花怒放,心裡幻想著小成就要和自己在一起,臉上盈盈的滿是笑臉。

起初小映有些膽怯,後來在天台上,小成滔滔不絕的講著班上同學的趣事,讓她覺得小成更加迷人,對於喜歡小成的心意也就更加確定,本來還在游移的小映,一時衝動就脫口而出:「小成,我可不可以跟你在一起⋯⋯我⋯⋯我⋯⋯我喜歡⋯⋯你很久了⋯⋯」

一陣靜默過去,只見小成收起笑臉,開口回答:「對不起,我已經有喜歡的人了。不好意思,但我們還是可以當朋友。」

身體反應

· 全身緊繃身體僵硬不知所措。

· 冒汗呼吸急促。

· 眼神不集中。

· 低頭咬住下脣苦笑。

情緒社群

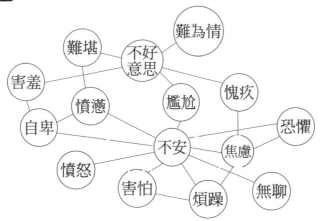

聯想（會被勾起的想法或故事，或往事）

· 接下來該怎麼辦？

· 都是她們害的（好姊妹），回去找她們算帳！

情境

小映

・真不知道要說什麼……。

・不知道那個女生是誰？

・那你對我這麼好是什麼意思？

・討厭！都是我自作多情……。

身體
反應

📖 內語（給自己的一句好用的話）

・真可惜，不過這樣也好，真正在一起也很麻煩。

情緒
形成

・如果，能一直這樣相處，也很輕鬆愉快。

・蘇東坡：枝上柳綿吹又少，天涯何處無芳草。

・國父：革命尚未成功，同志仍須努力！

詮釋

內語

・聖嚴法師：心隨境轉是凡夫，境隨心轉是聖賢。（摘自《聖嚴法師108自在語》）

・證嚴法師：有多少力量就做多少事，不要心存等待，等待才會落空。（摘自《靜思語錄》）

策略
行動

姥話姥話

無論是大或小來自別人的拒絕,都會為自己帶來痛苦。原因是當人向外提出要求時,通常背後會摻雜有期待或希望。所以當期待落空時,會產生失望、自責、羞愧等情緒,也很容易把自己帶進去一種無價值感。這些被拒絕的經驗,會成為下一次提出要求時的參考。

如果可以在提出要求的事前,心理就準備好接受一個事實:別人是有拒絕的權利;這樣的準備就會幫助自己度過無法達到願望的時刻,也可以調整自己一些不合理的要求。

情緒
進行
圖例

情境

小映

身體
反應

情緒
形成

內語

詮釋

策略
行動

難堪

情緒進行圖例
情境
小陳
身體反應
情緒形成
詮釋　內語
策略行動

情境

　　小陳和小映總是被班上的同學開玩笑說是一對。自從他們是青梅竹馬的事情傳開來之後，剛開始時，兩個人也只能無奈以對，只是不免要四處澄清說，他們並沒有喜歡彼此。

　　不過從小到大他們的感情就一直很好也並沒有因此避諱，還是常常一起上下學，吃飯聊天。至於班上同學捏造出來的是流言還是無心的笑話，習慣了之後，也沒有多放在心上。

　　上了國中之後，兩人都進入了青春期，小映出落得漂漂亮亮，加上她的個性細心又善良，其實已經悄悄累積了一、兩個神祕的愛慕者，礙於她和小陳那段曖昧渾沌的關係，就也沒有多大的動作。

　　這天小陳一如往常和小映一起走路回家，那天的夕陽照在小映的身上閃亮溫暖，這時小映被小陳的笑話逗得笑得燦爛，一時間，小陳卻看得出神，有股電流穿透他的全身，他這才發現原來在不知不覺中他已經喜歡上了小映。

　　一段日子過去，小陳對小映的感情只有多沒有少，日夜得朝夕相處，他終於按捺不住，把藏了幾天的情書交給了小映。

情緒
進行
圖例

情境

小陳

身體
反應

情緒
形成

內語
詮釋

策略
行動

情緒
進行
圖例

情境

小陳

身體
反應

情緒
形成

內語

詮釋

策略
行動

看完情書的小映心慌意亂，已經有心上人的她，這下不知道該如何是好。

「小陳不是一直跟別人說他沒有喜歡我嗎？」

一時六神無主的她找班上幾個好朋友討論這件事情，其中一個女朋友把情書拿了去看，結果情書就在班上傳了開來，小映發現的時候已經無法阻止。

到了放學的時候，忐忑的小陳一如往常的去小映她們班等她一起回家，卻發現她們班上的同學都用異樣的眼光看著他，但他卻不知道為什麼會這樣，直到聽到從後面走過去的同學小聲的討論說：「ㄟㄟ，你看那個男生就是寫情書給小映的那個男生耶。」

他這才懂得全部的人臉上竊笑的表情，原來大家都看過了他寫給小映的情書。

身體反應

- 腦袋空白，低頭。
- 臉紅冒汗。
- 僵硬、手足無措。
- 眼皮跳動。
- 口渴，咬牙。
- 畏縮，呼吸急促。

情緒社群

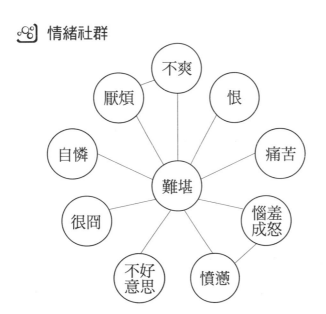

情緒
進行
圖例

情境

小陳

身體
反應

情緒
形成

內語

詮釋

策略
行動

 聯想（會被勾起的想法或故事，或往事）

・自己不被尊重！

・大家都把我當笑話！

・小映是故意的嗎，怎麼會這樣？

・會不會傳到老師耳裡啊？這樣就糟了，該不會
　被處罰吧！

 內語（給自己的一句好用的話）

・靖：看來對方很開心，都把我的情書公開了
　呢。

・我要為自己的勇氣感到驕傲！

・雖然可能被取笑，我至少知道自己喜歡的是那
　一型的女生。

・魏徵：水能載舟，亦能覆舟。

・證嚴法師：〈愛人與被愛〉愛人與被愛都是幸
　福的。但是這分愛必須「清淨無雜染」──付
　出者無所求，接受者不貪婪；施與受者都無煩

惱，彼此皆自在。（摘自《靜思語錄》）

🏠 姥話姥話

如果因為不小心踩到別人的地雷，因此被轟，好像是比較可以接受的。但是被自己的好朋友出賣，可能就是百味雜陳特別難受。

當一段友誼，眼看就要轉成戀情，連哈利和莎莉這樣的成人都無法駕馭，何況是青少年？如果你有一位青梅竹馬的異性好友，千萬要守好分寸，不要越雷池半步，真的划不來！

情緒
進行
圖例

情境

小陳

身體
反應

情緒
形成

內語

詮釋

策略
行動

不平

情緒
進行
圖例

情境

小可

身體
反應

情緒
形成

內語
詮釋

策略
行動

情境

　　新的年級開始，很多班上的事情都需要有人來幫忙導師處理一些班務。慣例上，開學後的第一件事——就是選班級幹部。

　　或許是為了以後的推甄跟申請入學，媽媽很早就叫小可要自我推薦當班長，當然小可自己本身也很有意願能幫大家服務；但整個新年級的班上有著一半的人都是不認識的，要自己舉起手來自我推薦，小可充滿著猶豫，於是在開班會前，小可就請曾經同班一年的小四在提名的時候，能夠提名自己當班長的候選人。

　　依照慣例，第一個班長的選舉是由導師自己主持，面對許多生面孔，班上的同學都顯得怯生生不敢發表；老師就自己先點了一個認識的同學，請他推薦一個人選，這樣打開後，大家就開始熱絡了，提名的人選也就一下就激增到四個；小可一直望向小四的背影，但卻遲遲不見他舉起

情緒
進行
圖例

情境

小可

身體
反應

情緒
形成

內語
詮釋

策略
行動

情境

小可

身體
反應

情緒
形成

內語

詮釋

策略
行動

情緒
進行
圖例

手來，老師已經在做最後的詢問了。

　　投票的結果出爐，當上班長的當然不是小可，她連被提名都沒有；卻在接下來由新班長主持的班級幹部選舉時，被小四提名了總務股長，並以單一提名直接當選。小可不解為何小四要這樣做，就算不希望小可當班長，但也沒有必要提名一個小可很不樂意當選的幹部。小可愈想，心裡愈不是滋味。

身體反應

・不自覺皺緊眉頭。

・胸口感到很悶。

・恍神，注意力不集中。

情緒社群

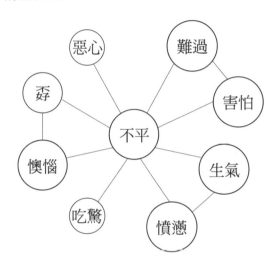

情境

小可

身體
反應

情緒
形成

內語
詮釋

策略
行動

情緒
進行
圖例

聯想（會被勾起的想法或故事，或往事）

・小四為什麼要這樣做？

・選幹部真隨便。

・都是媽媽害的！

內語（給自己的一句好用的話）

・咬牙撐一撐，一學期很快會過去。

・聖嚴法師：需要的不多，想要的太多。（摘自

情緒
進行
圖例

情境

小可

身體
反應

情緒
形成

內語
詮釋

策略
行動

《聖嚴法師108自在語》）

‧證嚴法師：做該做的事是智慧，做不該做的事是愚癡。（摘自《靜思語錄》）

姥話姥話

當希望落空，就會失望，就會感覺到不舒服，這是很明顯的事情。

常常因為人要的太多，就會面臨要不到的痛苦。如果希望我們有一個安詳和諧的大環境，我們要先做好內心的環保，也要做好社會的環保。要的少一些，給的多一些。

有先賢說過，在生活中不妨養成能「有，很好；沒有，也沒關係」的想法，便會比較自在了。

情緒
進行
圖例

情境

角色

身體
反應

情緒
形成

內語

詮釋

策略
行動

不滿

情緒
進行
圖例

情境

小可

身體
反應

情緒
形成

內語

詮釋

策略
行動

情境

　　小可滿懷不願但也沒有多加抗拒地接受了總務股長的職務。

　　如同一般的總務股長一樣，整學期的班費收支跟便當費用、小考考卷影印的支出都是由小可完成，為了能夠完整的交接給下一屆，小可還跟姊姊請教了簡單做帳的方法，清清楚楚的記錄著誰的錢已經收了，哪邊又支出了多少。

　　每天都有大大小小的支出項目要記錄，甚至有些人總是不交錢，小可也都認分的每天追著人去收錢。

　　但也在每天追著人收錢的過程中，發現了班長有時候會把自己應該做的事情叫其他人去完成，例如該去訓導處集合的事項或者是該跟老師聯絡的事情，班長都請別人去完成，他自己只做夠威風的集合整隊、管秩序等的工作，相對於小可，數學跟記性沒有非常好的她，甚至還要自己

情緒
進行
圖例

情境

小可

身體
反應

情緒
形成

內語

詮釋

策略
行動

貼自己的零用錢才能把整個帳務給打平，看著班
長總是被大家包圍著，卻未必有自己般努力付
出，心中一種不太熟悉的感覺漸漸滋生。

情緒進行圖例

情境

小可

身體
反應

情緒
形成

詮釋

內語

策略
行動

身體反應

・眼皮跳動。

・臉部充血紅潤。

・倒抽一口氣，嘆氣。

・肩膀感到沉重。

情緒社群

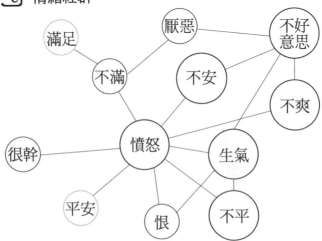

聯想（會被勾起的想法或故事，或往事）

· 班長可以這樣當喔？

· 要給我當班長我會想要嗎？

· 衛生股長比我更衰……

內語（給自己的一句好用的話）

· 我是為班上做事，與班長的態度無關。

· 聖嚴法師：任勞者必堪任怨，任事者必遭批
評。怨言之下有慈忍，批評之中藏金玉。（摘
自《聖嚴法師108自在語》）

· 證嚴法師：能幹不幹，不如苦幹實幹。（摘自
《靜思語錄》）

姥話姥話

　　「難行能行，難捨能捨，難為能為，才能
昇華自我的人格」。這是聖人的話，卻清楚地指
出健康的方向。人群中存在各種人，這些人都是

情緒
進行
圖例

情境

小可

身體
反應

情緒
形成

內語

詮釋

策略
行動

情緒
進行
圖例

情境

小可

身體
反應

情緒
形成

內語

詮釋

策略
行動

將來會和你一起共度你們的世紀的夥伴。不必花力氣去管別人做什麼，重要的是你正在怎樣做事情：投機取巧？仗勢欺人？一步一腳印？邊做邊怨？你希望自己養成怎樣的工作態度？這才是自己能掌握的部分！

情緒
進行
圖例

情境

角色

身體
反應

情緒
形成

內語
詮釋

策略
行動

不爽

情緒
進行
圖例

情境

小可

身體
反應

情緒
形成

內語

詮釋

策略
行動

情境

　　小可的成績在班上算是相當頂尖的，惟獨數學上的領悟力一直不佳，爸爸總是不厭其煩的在家幫小可說明了又說明、解釋了又解釋，但成績上總是沒有相對應的成長。她也曾想過去補習，卻覺得也不是糟到不合理的程度，不想給爸爸媽媽造成經濟壓力，所以就沒有去補習班；甚至連老師自己在家裡開班的「課後補習班」，就算老師不斷地鼓勵跟要求，小可也都沒有去參加。

　　這次段考的數學出現了小可最不喜歡也最不懂的幾何證明，雖說之前不斷地做了練習，但因為對證明題的語法始終抓不到訣竅，在段考的時候還是鎩羽而歸，因為數學這一項沒有能拿到好成績，影響了她的名次落後好幾名，失去自己之前應有的水準。

　　原本小可也不以為意，但在放假前跟同學聊天才知道，參加老師的「課後補習班」的人，考

情緒
進行
圖例

情境

小可

身體
反應

情緒
形成

內語
詮釋

策略
行動

試前都在老師那兒「恰巧」在練習題中練習過這次考試的題目。同學還沾沾自喜很熱忱地邀她一起去補習。

身體反應

・無可奈何聳聳肩。

・胃部感到一陣不舒服。

・後腦下半部很緊。

・甩甩頭,重重地吐了一口氣。

情緒社群

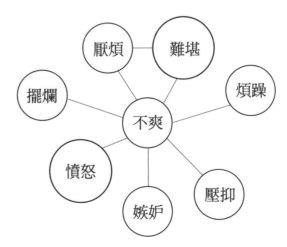

聯想（會被勾起的想法或故事，或往事）

· 原來他們是靠這樣考試的。

· 我是否該跟老爸討論一下，要不要去跟老師補習？

· 這樣的分數有用嗎？

· 要是我聰明一點就好了。

·「好個恰巧呀」，小可心中如是想。

 內語（給自己的一句好用的話）

· 其實除了幾何比較差，我還是都可以靠自己努力的！

· 聖嚴法師：大鴨游出大路，小鴨游出小路，不游就沒有路。（摘自《聖嚴法師108自在語》）

· 證嚴法師：為自己找藉口的人，永遠不會進步。（摘自《靜思語錄》）

情緒
進行
圖例

情境

小可

身體
反應

情緒
形成

內語
詮釋

策略
行動

情緒
進行
圖例

情境

小可

身體
反應

情緒
形成

內語

詮釋

策略
行動

姥話姥話

　　近幾年的台灣大環境，課後補習班已近乎常態的發展，除非是最優秀和不升學兩極的學生，才完全不參與補習。

情緒
進行
圖例

情境

角色

身體
反應

情緒
形成

內語
詮釋

策略
行動

很幹

情緒進行圖例

情境

小可

身體反應

情緒形成

內語
詮釋

策略行動

情境

過了一個長假，被迫做了一學期總務股長的小可，好不容易可以卸下這吃力不討好的工作，在學校的作息也終於可以擺脫疲憊的生活，回到像以前一樣穩定，有著考試，有著跟同學們電影跟心情的分享。

原本是無事的星期一，老師卻在一早公布了要選模範生的消息；不同於以往公開提名再由大家舉手表決，老師這次改用不一樣的辦法：以不記名的方式，在紙上寫下自己心目中的人選。為了能讓大家有考慮的時間，投票的日子定在星期五的班會。

因為上學期沒能選上班長，自己努力擔任總務又沒被重視的小可，雖然也想要模範生的頭銜，可是在心灰意冷之下，也只能裝成不在乎。這樣過了兩天，小可在星期三的時候卻聽到令人不悅的消息，她的好友轉述了上任班長散布的謠

情緒進行圖例

情境

小可

身體反應

情緒形成

內語 詮釋

策略行動

情緒
進行
圖例

情境

小可

身體
反應

情緒
形成

內語

詮釋

策略
行動

言：「你們知道嗎？上學期要不是有我，我們班上的經費都要被管錢的給吞掉了，還好有我固定的監督和要求，我們的錢才沒有被吞掉呢！而且呀，那個小可每次都故意拖著不給我需要的費用，害我常常都要自己先墊錢才可以幫大家把訂的東西拿到。」

　　說的不是事實，這個「模範生」名號現在也不是小可所在乎的，一想到自己上學期的努力跟認真就這樣被破壞掉，小可看著上任班長，眼神充滿怒火，臉上帶著極度的不屑與輕蔑。

身體反應

・看對方時目光斜視不願意正眼相看。

・談論時會嗤之以鼻。

・咬牙握拳容易被激怒。

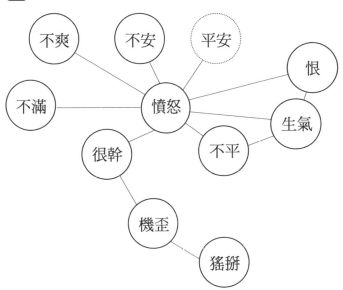

🎧 情緒社群

不爽　不安　平安　恨

不滿　憤怒　生氣

很幹　不平

機歪

猺掰

☝ **聯想**（會被勾起的想法或故事，或往事）

・你是長官喔？

・從來沒有碰過這麼無恥的人！

・這樣講謊話真是個小人！

・這種人同學會相信他嗎？

・老師也會這樣想嗎？

・為什麼同學都看不到真相。

情境

小可

身體
反應

情緒
形成

內語
詮釋

策略
行動

情緒
進行
圖例

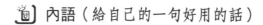

情緒進行圖例

情境

小可

身體反應

情緒形成

內語→

詮釋

策略行動

📖 內語（給自己的一句好用的話）

· 如果我們班的模範生是要靠這樣亂講話得來，這和我的個性不合。

· 聖嚴法師：踏實地走一步路，勝過說一百句空洞的漂亮語。（摘自《聖嚴法師108自在語》）

· 證嚴法師：口說一句好話，如口出蓮花；口說一句壞話，如口吐毒蛇。（摘自《靜思語錄》）

🗣 姥話姥話

　　青少年時期個人價值觀逐漸成形，班級成了小型社會。在團體中會因為競爭，也會見到一些個人的行事風格，這些都是練習去觀察個人品德和習性的機會。

　　如果因為不實的流言而動怒，是可以理解的，但是要不要生氣還是決定在自己，要相信別人也有觀察的能力。如果大家都相信了某個不實在的話，一定有些事情發生了。耐心等待，個人坦然的態度是最好的說服方法。

細心的讀者，可能已經發現前面的系列故事中，主角的情緒一次比一次更強烈。這是在告訴我們，情緒是漸層的，情緒可以是連續性發展，也會慢慢持續累積。在這樣的認知基礎上，我們就要再進一步，深入情緒世界的內涵，去拓展更多的體驗和了解。

情緒暫停

情緒會帶來什麼？和平常狀態有什麼不同？

不管是長相、個性、習慣每個人都會長的不一樣，對情緒管理方式也一樣不相同。只要不防礙到別人，管理方法是可以不一樣。但是，情緒對人的影響，常常嚴重到連自己都無法控制，不但自己受苦，連身邊的人也會跟著受害。這就不是一句：「只要我喜歡，有什麼不可以！」任性的話就可以帶過去。

情緒的發生，不可能變成常態。以生氣為例，生氣就像是燒柴火一樣，火起來了，當柴燒盡，火自然就滅了，可是很多時候，主人喜歡火，就會持續地加上木柴，讓火繼續燃燒，好像火可以一直存在。人因為某件事情生氣了，生氣本來會過去的，除非主人不停地為這個生氣加

油,對生氣帶來的感受咬住不放,不停地創造出相同的氣氛,讓生氣愈變愈大愈有力,好像永遠都不會過去,這真是很大的誤解。

為了讓我們可以過著平和愉快的生活,也讓我們的大環境更和諧,每個人得先管好自己的脾氣,就是情緒的習性。讓我們暫時先停格一下,來看清楚情緒在每個人的身上,是怎樣存在?

外觀情緒

我們的身體結構讓人只能往外看,所以人習慣只注意看到的外在變化,就我們平常比較容易看到的情緒大致有:喜、怒、哀、樂、愛、惡、欲等,我們會從到別人的臉色變化,隱約分辨前四類的情緒:喜上眉梢、怒氣沖沖、愁容滿面、樂不可支。

　　也有些隱藏的內在情緒，有時是當事人因為某種原因有意壓抑下來，有時是連當事人也不知道自己正陷入某種情緒中。

　　有時情緒，來得急也去得快，好像泡沫一樣一下就過去。然而當強烈的情緒出現時，以往經驗記憶中的感受被喚醒，又會帶出以往事件的殘存的情緒加入其中，於是情緒強度更為增加，身體感受也會繼續加溫，直到主人整個被情緒淹沒。常常已經忘了原來到底為什麼會產生這個情緒，只是陷入情緒的感受之中，無法自拔。

你一定看過有人莫名其妙的為一件小小的事情，氣到臉色發青。或者看到別人，沒來由地仇視某個人。所謂旁觀者清，是因為當事人正在被過去的感受記憶，或者既有的成見、經驗記憶耍得團團轉。

內觀情緒

到底內在世界發生了什麼事情？可以強烈的影響到人的行為，甚至失控到抓狂？

日常生活的環境中，充滿了各種事物，有顏色形狀、樂音噪音、香味臭味、甜鹹酸苦、冷熱粗細、喜喪善惡。這些存在的內容，會和相對應的身體感官相遇；眼睛看到顏色形狀、耳朵聽到樂音噪音、鼻子嗅到香味臭味、舌頭嘗到甜鹹

酸苦、皮膚感受到冷熱粗細、心思意識到喜喪善惡，兩大系統不停地互相碰撞，不停產生互動，在不曾停歇的撞擊下，身體感受就不停地升起，也不停地消去。我們是身體的主人，這個身體能看、能聽、能聞、能嘗、能感覺、能思考，身體會把這些感官能力接收到的訊息回報給主人。

前面提過，所有的感受，都會隨著時間不停地起變化，升起了，滅去了，這是情緒的元素，所以情緒也有相同的特質。每個主人都有自己面對情緒的態度，有些人對於情緒變化很敏感，有些人則很遲鈍。有的人會跟著情緒的起伏而搖擺，有些則無視於情緒的存在。如此一來，就有人顯得「情緒化」，有些人則是「鐵石心腸」。

　　比如：當聽到有人辱罵了我的父母親，這個刺激會讓我變得非常痛苦。

　　但是，別人罵人，我為什麼要痛苦？

　　在罵人和痛苦之間，其實我忽略了有些事情在內在發生了，可是我沒有發現。

　　當我聽到辱罵的話語，我同時開始以生氣憤怒來反應，產生了負面憎恨的情緒，身體立刻跟著也起變化，呼吸心跳加快了，熱氣充滿全身，悸動緊張讓整個身體僵硬起來，我因此才感受到痛苦，因為我開始以負向的習慣性作反應，引起一連串的生化反應，這時才會開始變得痛苦。

　　大部分的人都忽略這個過程，直接認為是因為別人辱罵所以我痛苦。

　　你是不是也這樣認為？

　　要不然呢？不這樣那要怎樣呢？

　　是的，除了這樣的習性反應，我們有沒有別的選擇？

　　有的，要有能力去做不同選擇之前，你得學會一些事情。

接下來的幾個故事，比較不是一般人的經驗，
碰到的機會不多，但故事在點出：類似的情緒
出現頻率越多，越會讓人的反應逐漸變成習慣
性，繼續發生下去，強化了習慣性，就會變成
了個性的一部分，會把人帶往下一個生活環
境，形成了無法回頭的死巷道。很多時候會被
稱作「命運」。

恨

情境

方才和男朋友分手的婉婷，現在還可以聞到嘴脣上口水乾掉的臭味，擦都擦不掉。

「真像隻蜥蜴，真該早點跟他分手，居然威脅要去找老師，白癡，最好是老師會理你。」婉

婷心裡這樣想的時候走進了電梯，就在門要關上的時候，樓下王媽媽還在念小學的兒子小寶衝了進來。

婉婷心中又是一陣不悅。王媽媽是標準的三姑六婆，老愛講婉婷家的是非，整棟大樓的人看到婉婷經過總要側目然後竊竊私語，當她是蕩婦的女兒。小寶和她四目相接，婉婷的下腹部升起一陣悶痛感，當女人真煩，想起接下來又要熬過兩、三天的痛經，婉婷心裡一陣無名火，也不知道哪來的念頭，她抓起小寶的頭，往牆上揮過去。小寶哭著跑出電梯，婉婷心裡卻有一種爽快感。「反正你長大也會變成沒有用的男人，只會像蜥蜴一樣亂親。」

打開門後，媽媽的房間傳來哭聲，只見她那禿頭大屁股的男朋友，坐在客廳裡看電視。婉婷馬上感覺到一對色迷迷的眼神停在她身上。「我媽又怎麼了？」那男人對婉婷說：你爸要結

婚了，還是個大學生。這男人說還是大學生的時候眼神飛揚，一副羨煞婉婷老爸的色鬼樣。婉婷想起上次老爸來接她去吃飯遲了半個小時，只為了先去接前座的那個女人。老媽在房間裡愈哭愈大聲，婉婷覺得沒完沒了，她身邊的人全都是白癡。那男人突然問她要不要去看電影，還搭上她的手腕，輕輕的捏了兩下。婉婷全身翻湧起一陣惡心感，大力的撥開他的手。「滾！」那男人臨走前丟一下一句：「騷貨的女兒！你裝什麼清高！你也肯定不是什麼好東西！」

婉婷猛力關上房間的門，才剛躺下來，老媽卻跑來敲門。婉婷不想理會，卻只聽見老媽扯著已經哭壞的破鑼嗓喊：「你早就知道你爸要結婚了吧！」「你有看過那女人嗎！」「我就知道你一定跟你爸狼狽為奸！」「早知道我就把你掐死！」「年輕了不起啊！你是不是也想勾引我的男人！」婉婷的老媽在門外歇斯底里地喊叫，婉

婷把棉被矇著頭，想著昨天看到的那則新聞：

日本高中生半夜弒母，提頭顱自首震撼全國。

「去死去死去死去死去死去死去死去死去死去死去死去死去死去死去死……」婉婷的嘴巴一直重複著這兩個字。

婉婷的故事散發著濃濃的負向感受，雖然我們不是當事者都會感到窒息。這樣的感受通常是長久累積出來的，更不是單一原因就會形成，我們來走一趟她的內在世界心路歷程：

日記

4.13.2010　她是一個晚上沒有男人會死嗎／她不知道鄰居是怎麼看她的嗎／為什麼我每天都要忍受別人指指點點跟閒言閒語／還敢叫我不要交男朋友／說什麼男人都不是好貨每天晚上叫得那麼大聲／是怕人聽不到嗎／蕩婦

4.15.2010　每次來都好痛／今天暈倒被送到保健室吊點滴／護士阿姨說那什麼白癡話／長大就不痛了／那群白癡男生在那邊什麼矮額矮額月經來了／白癡／我不要當女生

4.16.2010　又換了一個男人／禿頭大屁股還色迷迷地看我／問我要不要去看電影／被他摸到手／惡心死了／男人都是爛貨我媽怎麼肯跟他上床

4.18.2010　今天第一次跟他接吻／惡心死了跟蜥蜴一樣都是他的口水／沒有第二次了

今天看到一則新聞／日本高中生半夜弒母／提頭顱自首震撼全國／帥呆了／日本人是我的偶像

4.20.2010　怎麼有這麼虛偽的人／老是說我都沒有念書／然後考一百分／惡心死了還一直對我說哎喲我才沒有你聰明呢我只是運氣好而已／然後又低頭去看書畫重點／當我是白癡嗎／都沒

念書／然後班上的人居然都把她當成天才／繞著
她說好厲害／可以教我這題嗎／挖／你這樣說的
好清楚呵／懂了懂了／全部都是智障

　　他拿了一個Hello Kitty娃娃說要送我／馬上被
我丟到水溝裡／我又不是小女生還在玩那種做作
的洋娃娃

　　4.21.2010　爸遲到了二十分鐘／這次她還載
著一個女的／只比我大五歲一直跟我爸發浪爸居
然笑得跟豬頭沒有兩樣／她還說什麼我以後要改
口叫她媽／一定是看上我爸的錢／男人都很色／
女人都很賤

　　4.22.2010　剛剛在電梯拿書包敲了隔壁王媽
的兒子／撞到牆壁／一直哭／活該／誰叫他媽那
麼長舌

　　4.25.2010　手機被沒收／上課傳個簡訊也礙
到她了嗎／這個又胖又醜的老女人／一大早就在
那邊發脾氣／一定是性生活不美滿／沒有人要跟

你上床干我屁事啊／還看我的簡訊／氣死你／書教得那麼爛／是不能偷罵你嗎／我要怎麼講是我的自由／好啊叫我爸媽來啊／最好是他們會理你／蠢婦

4.27.2010　我跟他說要分手／他居然跪著求我不要走／沒用的男人／還跑去跟老師講／白癡／我怎麼會跟這種人在一起

4.30.2010　那個女人居然敢跟我爸媽說我不潔身自愛破壞班上秩序還跟男生亂來／爸媽就在那個肥婆面前吵起來／爸說媽沒有教好我／媽說有其父必有其女肥婆好像被嚇壞了／哈 哈 哈

5.02.2010　媽一直在房間裡哭／說什麼爸又要結婚了／還把光頭佬鎖在門外／光頭佬又問我要不要去看電影／惡心／色狼／滾出我家

5.7.2010　全部的人都是白癡全部的人都該死你們都去死去死去死去死去死去死去死去死去死去死去死去死去死去死去死去死……

姥話姥話

　　所有令人的震驚的表相背後，都有充足的形成元素加上時間的累積，再加上擦槍走火的火花，就會造成難以理解的災難或現象。

　　怎樣幫助每個人不要生活在高壓力的環境中，以減少災難產生，不是單靠少數人或個人意願可以做到，所以整個人類的現況，開始往身心靈整合的方向努力，開始注意環保的問題，這些讓人遺憾的災難事件，算是人類付出的代價！

痛苦

情緒
進行
圖例

情境

騰豪

身體
反應

情緒
形成

詮釋

內語

策略
行動

情境

　　騰豪不情願地被挖起來，失眠一夜的他腦袋昏悶，眼皮沉重。老媽一直在催促他，口氣很是不耐。自從上次禁藥事件被學校通知之後，爸媽現在嚴格控管他的作息和交友。百口莫辯，老爸大發雷霆，沒收了他的手機跟iPod，連電腦也被切斷了網路，搬出了房間，還有，零用錢也沒了。下課後只能看書，沒辦法和朋友聊天，也沒有辦法跟曉琪出去了。

　　騰豪覺得他的人生被嚴格控管，沒有自由。因為只是一顆搖頭丸，他就從所謂的「好」學生就變成了「壞」學生。

　　老媽現在每天接送他上下學，還要檢查他的書包。「年紀輕輕就吸毒，接下來不就殺人放火了？」似乎再也沒有人願意相信他了。

　　老師和爸媽似乎有過什麼協議，騰豪覺得老師們總是特別盯著他。不小心打了一個盹的他，

馬上被叫上講台解數學習題。好像不是因為失眠而已，現在的騰豪除了頭暈還全身酸痛無力，而且感覺惡心反胃，他想辯解，但是話到嘴邊又吞了回去。反正說了也沒有用，他們一定以為我是在裝病。

　　勉強寫完黑板上的證明題，回到座位上發現一張紙條。打開一看：

　　「我要跟你分手，你這遜咖。」

　　騰豪不敢相信他的眼睛。他回頭朝曉琪看，曉琪馬上把頭撇過去。騰豪的腦袋轟隆隆作響，眼前又是一陣暈眩，然後心狠狠地痛了起來，他覺得他不能呼吸，他覺得他已經一無所有。

身體反應

・面部蒼白，兩眼無神。

・感到全身肌肉酸痛。

・惡心、反胃、沒有食欲。

・失去活力、精力，不想活動。

・有時癮頭發作身體顫抖、抽搐。

情緒社群

聯想（會被勾起的想法或故事，或往事）

・我真是個廢物

・不知道還弄得到貨嗎？真難受！

・媽抽屜應該有錢吧，最近愈賣愈貴了，可惡！

情緒
進行
圖例

情境

騰豪

身體
反應

情緒
形成

內語

詮釋

策略
行動

・我怎麼會把自己搞成這樣？

・我天生帶衰喔。

 內語（給自己的一句好用的話）

・聖嚴法師：只要還有一口呼吸在，心念一轉，環境就會跟著轉變，因為環境是無常的。（摘自《聖嚴法師108自在語》）

・證嚴法師：〈勿輕言困難〉勿輕言「挫折感、無力感」。縱然困難如石，也要鑽過去；更何況有時所謂的困難，可能只是如紙之薄。（摘自《靜思語錄》）

🗣 姥話姥話

　　無論是誰都會面臨生活中有些時候會同時出現許多壓力，當然這些壓力的形成是累積的，但算不準什麼時候會干擾到生活步調。青少年為了要成長，常常隱瞞許多小事情，但有時就會露底

暴開來。

　　當問題白熱化,通常青少年會抗拒掙扎!提醒相關的成人,當青少年放棄掙扎時,是他開始自我放棄的徵兆,家人務必在解決問題的同時,提供足夠的關注和陪伴,幫他度過難關。

情緒
進行
圖例

情境

騰豪

身體
反應

情緒
形成

內語

詮釋

策略
行動

恐懼

情緒
進行
圖例

情境

哲倫

身體
反應

情緒
形成

詮釋

內語

策略
行動

 情境

　　哲倫的爸爸被派駐到別地，今天他們倆在新環境終於安頓好。這天晚上爸爸跟哲倫說過晚安，然後就去睡了。哲倫的房間燈還開著，因為他不敢關燈睡覺，睡覺時房門也不能關上，因為

被黑暗包圍的感覺會讓他覺得像要死掉。

　　哲倫是爸爸帶大的，沒有媽媽的他生性膽小。除了怕黑，他也怕人。明天要去新學校的他有點輾轉難眠。新學校聽說老師很嚴格，成績考不好會被打手心。

　　好不容易到了隔天，哲倫穿著嶄新的制服到了學校。導師看起來並不和藹，他要哲倫在講台上作自我介紹，他看了一眼台下面無表情的新同學們馬上就把頭低下，額頭上的汗滴不自覺地一直往下掉，但是嘴裡還是吐不出半個字。

　　趁著下課的時候他跑去福利社，突然被叫住，叫住他的是一個滿臉橫肉的高年級生。「新來的，很囂張呵，晚上給你好看。」莫名其妙的哲倫只能趕忙衝回教室。

　　這堂課教室裡氣氛很凝重，早上看起來就不親切的導師現在表情一副凶神惡煞，端著一疊考卷劈頭就是大罵，一個一個點名起來罵，班上同

情緒
進行
圖例

情境

哲倫

身體
反應

情緒
形成

內語

詮釋

策略
行動

情緒
進行
圖例

情境

哲倫

身體
反應

情緒
形成

內語

詮釋

策略
行動

學無一倖免，不少女同學都哭了。

　　這天班上的氣壓都維持在這麼低，毫無活力，沒有人有興致來跟哲倫打交道。哲倫心裡有點鬆了一口氣，他總是怕他說錯話，或者別人會注意到他脖子上那顆奇怪的黑痣。

　　好不容易捱到了下課，哲倫收拾書包往校門口走，突然眼前一黑，他感覺有人拉掉了他的書包，皮包也被抽走，他覺得有一群人包圍住他，拉扯他，不知道要把他拖到哪裡去，他大叫，但是後腦馬上被敲了一下，嘴巴被搗住，他覺得好黑，旁邊有好多聲音，他覺得他快要不能呼吸……

 身體反應

‧缺氧。

‧身體用力掙扎。

‧呼吸急促困難。

- 喉嚨梗塞。
- 腦袋空白。
- 冒冷汗。

📶 情緒社群

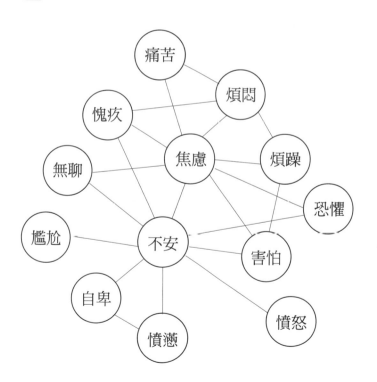

情緒進行圖例

情境

哲倫

身體反應

情緒形成

內語 詮釋

策略行動

情緒
進行
圖例

情境

哲倫

身體
反應

情緒
形成

內語

詮釋

策略
行動

 聯想（會被勾起的想法或故事，或往事）

・我被綁架了！

・會不會死呢？

・爸你在哪？會來救我嗎？

・憤怒！爆發！變超人！

 內語（給自己的一句好用的話）

・我要活下去！

・聖嚴法師：山不轉路轉，路不轉人轉，人不轉
　心轉。（摘自《聖嚴法師108自在語》）

・證嚴法師：〈可怕的心魔〉阻礙他人走正，
　或破壞他人發善心、做善事的人，就叫做
　「魔」。外魔不可怕，最怕的是內心的魔——
　自己內心起了擾亂，不僅障礙他人，也障礙自
　己。（摘自《靜思語錄》）

姥話姥話

這種特殊的遭遇，會超出一般人的經驗和想像，有些人成功的啟動求生本能逃脫險境，為這個人的膽識升級。當然也有人遭到不幸，沒有任何機會。

我們希望都不要遭遇這樣的危機，因此平常不要鋌而走險，讓自己暴露在危險的環境。平常多訓練自己應變的能力，提高警覺的能力，這些是平常可以加強的。

情緒
進行
圖例

情境

哲倫

身體
反應

情緒
形成

內語

詮釋

策略
行動

憂鬱

情緒
進行
圖例

情境

怡君

身體
反應

情緒
形成

內語

詮釋

策略
行動

情境

怡君不想待在家裡。「爸媽根本什麼也不懂，總覺得把我養大就可以完全地控制我，難道他們付了學費，就可以擁有我了嗎？」怡君最近常常在日記裡這樣抱怨。

看書看書看書，除了指考，怡君納悶她的人生是不是就沒有其他事情好做了？她覺得以恩的爸媽才是真的愛她，總是帶她出去玩，幫她買衣服，還給她很多零用錢。不像怡君，眼鏡被弟弟踩壞了，老媽叫老爸幫她用矽膠黏起來，結果鏡架現在白色一大包，「好醜！好丟臉！爸媽只愛弟弟，因為他是男生，因為他還小，做錯事都不用挨罵，偏心！他們一點也不愛我！」怡君也常常在日記裡吃弟弟的醋。怡君好希望她可以做以恩爸媽的女兒，每天開開心心、漂漂亮亮的來上學。怡君懷疑老天爺是在懲罰怡君，才讓怡君出生在怡君家？每天每天她都不想回家。

情緒進行圖例

情境

怡君

身體反應

情緒形成

內語
詮釋

策略行動

情緒進行圖例

情境

怡君

身體反應

情緒形成

內語
詮釋

策略行動

怡君也不想待在學校，每天上課都好無聊，不管怡君怎麼認真也還是聽不懂，考試也都考不好，為什麼別人都這麼聰明。今天怡君去問以恩數學，她講了兩、三次怡君還是聽不懂，以恩好像生氣了。「以恩，你不要生氣好不好？我錯了，繼續跟我做朋友好嗎？你最近都不太理我，我做錯了什麼嗎？」怡君常常寫下她和以恩相處的點滴。

除了以恩，怡君就沒有其他朋友了，其他人都不太搭理怡君，而怡君也不希罕他們。有時候怡君會偷偷羨慕以恩，有時候也會偷偷嫉妒以恩，怡君覺得以恩長得那麼漂亮，功課又那麼好，大家都喜歡以恩，都想跟以恩做朋友。怡君有時後還會幻想著自己是以恩的雙胞胎妹妹，這樣她們就可以天天住在一起，天天吃飯、聊天、出去玩。

而且而且，怡君還偷偷地希望著，如果她像

以恩那麼漂亮，那麼開朗，那麼受歡迎，她就有勇氣跑去跟志祥講話，關心他，每天看著他，這樣她就很開心，只是有時候，看著看著志祥她就會想要哭，心好痛。她覺得她怎麼這麼醜，這麼沒有用。「難道志祥一點都不知道嗎，為什麼他不會來跟我講話，找我去買飲料呢？」怡君覺得好沮喪。已經沒有什麼事情可以讓她快樂。

怡君有時候好想死掉，她覺得死掉了就不會有煩惱，再也不用上課，再也不用考試。

「如果我死掉了，會有人會想我嗎？」怡君最後在她今天的日記裡寫下這句話。

身體反應

- 一起床就感到渾身無力。
- 胸口悶悶的，好像吸不到氣。
- 閉上眼睛，嘆了口氣。
- 腦袋停滯，好多亂七八糟的想法滿天飛舞。

 情緒進行圖例

 情境

怡君

 身體反應

 情緒形成

 內語
詮釋

 策略行動

情緒
進行
圖例

情境

怡君

身體
反應

情緒
形成

內語

詮釋

策略
行動

・深深地鎖住眉頭。

・無來由啜泣。

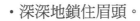 情緒社群

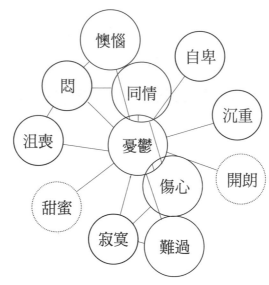

懊惱　自卑　悶　同情　沉重　沮喪　憂鬱　開朗　傷心　甜蜜　寂寞　難過

聯想（會被勾起的想法或故事，或往事）

・要是我不是現在這個我就好了。

・活著真痛苦。

・每天都不想起床。

・這個世界沒有人在乎我。

內語（給自己的一句好用的話）

・一切都會過去的。

・聖嚴法師：人生的起起落落，都是成長的經驗。（摘自《聖嚴法師108自在語》）

・證嚴法師：〈自殺的罪業〉自殺所犯的罪有三：一、殺害父母所賜的身體，犯不孝罪。二、造自殺罪業。三、犯遺棄父母、先生（或太太）和孩子的罪。（摘自《靜思語錄》）

姥話姥話

　　青少年階段，由於許多快速變化，對自己和環境的掌控力還不熟悉，常有挫折、失敗的經驗，卻又因為自我要求，產生許多自責的情緒，如果生活中沒有足夠的正向能量可以平衡，青少

情緒
進行
圖例

情境

怡君

身體
反應

情緒
形成

內語

詮釋

策略
行動

情境

怡君

身體
反應

情緒
形成

內語

詮釋

策略
行動

年會失去自信心，並認同負向的經驗，進行破壞和傷害的行為。

　平日，多蒐集一些正向情緒經驗：開心、幸福、慈愛、同情、創意等，成功的小經驗，當情緒陷落時，可以回憶！

這些故事看完之後，你是否覺察到你的身體反應？你在過程中，有過哪些聯想？

你怎麼詮釋這些事件？你要不要給自己一句有用的話當成內語？

我們進到下個階段！

如何管理情緒

前面的所有學習，都只在認知上下功夫，怎樣在平時修練方法，以便情緒來臨時，不被捲入舊的習性中無法自拔，如果你願意，不妨跟著試試看下面的方法：

首先學會

切斷過去經驗感受對正在發生的感受所造成的汙染，讓感受只是感受，而不是去尋找那些熟悉的老經驗，還給所有的「現在」一個單純的發生機會。這是整個情緒管理的重點！

現在，有一個「憤怒」升起了，去認識「憤怒」，認識這些負向的情緒，當憤怒升起時，你可以意識到憤怒升起了。你觀察憤怒升起這個事實，將自己從外在的對象中跳開來，把注意力轉向觀察憤怒本身。只是客觀地觀察它，而不是又

　　將自己以往的負面心態又攪和進去，只是注意憤怒在自己身上產生什麼效果。

　　這個小小的動作，卻是非常困難。因為人們比較喜歡熟悉的感覺，通常能找到熟悉的感覺，好像就安定了，有可能這個熟悉的感覺，正是害自己受苦的罪魁禍首，家暴的例子最能證明，為什麼那些被虐待的人，會一而再，再而三地跳回火坑回到家暴環境中受罪。

　　對於各種上癮的情況，也和感受密不可分，上癮的內容可以不停地更換：毒品、酒、賭博、電玩……但真相是上癮是對某種感受的貪愛，一直想擁有相同的感受，所以不停地進入相同的情境去追求那種特殊的感官感受，不一定是對某種東西的上癮，根本問題是在「感受」。

　　還好，人是有覺知的靈性動物，當我們真正了解到整個事情的真相，就有勇氣改變，這是情緒管理的重要能量來源，這種覺知可以幫助人從

各種情緒困境中脫離。

因為情緒舊經驗的累積，是經過長久的醞釀，不是一天兩天的努力就可以改變，所謂管理，是每天每刻都在進行，以新的方式取代舊習性，要有耐心，要相信自己是主人，一切改變就漸漸發生，健康地接收感受，正確地運用感受，情緒的內容就會愈來愈開朗正向，幸福感自然就來找你。

接著注意

如果我們平日就熟悉自己感受，就能和自己的情緒相處。就可以在情緒升起時，爭取到較多的機會去做管理。怎樣的機會可以介入情緒的過程呢？

再來復習情緒的升起的過程：外在刺激→身體反應→情緒形成（連結個人對感受的喜、惡）→詮釋（含蓋舊時經驗、記憶）→策略（可能是

習性反應）→行動。

再來了解每個點可能的處理條件：

外在刺激：外面世界要發生什麼事情，人無法控制。因為不能控制環境因素，所以當刺激進入時提高警覺，把平常對情緒的覺知更提升，告訴自己不要過度承接刺激，給自己一層保護膜。

身體反應：身體感受是很直接很簡單的反應，有時候訊號很細微，平常很多人會忽略身體發出的訊息，比如說呼吸加快、臉紅、咬緊牙關……這個訊號對很多人而言幾乎不存在，於是錯過調理情緒的好時機。

情緒形成：情緒的形成，是來自身體感受被過去經驗汙染之後，喚醒過往對身體感受的喜愛或厭惡，於是成了某種套餐似的心情，通常混雜幾種不同的感受，讓人的狀態失去平衡。

詮釋：當情緒形成，以往相同情緒的經驗記憶會被觸動，加上個人的想法、經驗、習性、大

環境的價值觀，還有家庭隱藏的禁忌，個人的喜惡習性會共同詮釋這個情緒，各種元素啟動了大腦機制，進入危機處理的程序。

策略：除非這個情緒強烈又複雜，必須停下所有手邊的事情，全人投入重新規畫應對的策略。通常人會用以往處理相同情緒的習性反應方式，作為第一種方式。

情緒登場時你可以

外在刺激：比如上台演講，你知道會緊張，你可以告訴自己可以緊張，接受緊張。你也可以不接受被邀請上台的機會，避開不利的情境。

身體反應：當身體訊息被自己接收到，你可以立刻覺知，並接受身體反應，告訴自己可以痛、可以緊張、可以癢……重要的是，要保護這些簡單的訊息，不要被以往自己的負面心態和經驗混雜進來。

　　這會讓身體訊號被汙染、被擴大，造成過度反應。如果可以成功，這樣情緒就無法形成。

　　情緒形成：當身體的當下身體反應被接收，個人對相同感受的舊經驗被喚醒，交雜產生了情緒。你可以覺知這一切都會過去，客觀地看著情緒的變化，把注意力從外在對象身上跳開來，回到情緒本身，看情緒怎樣運作怎樣影響你。不要直接跳到下一個詮釋的步驟，讓情緒提早消融。

　　詮釋：情緒產生之後，大腦開始將情緒列為首要處理的任務。這時通常人已經捲入情緒的漩渦，無法自由思考。你可以保持覺知提醒大腦，情緒在做主了，不要做重大決定。

　　策略、行動：當情緒當家時，通常即使是正確的策略，在行動時也常常不如平常地有效率和準確，你可以盡量延緩策略的時間或交給別人執行。

　　每個步驟都是一個可能減緩情緒揚起的切

入點，但重要的是平時要下的工夫。要了解自己的感受，了解自己的身體訊息，要知道自己的習性，要知道自己的想法和行事風格，才能管得動自己。當自己的主人！

結果會怎樣？

如果你願意試試看，也許你就看到不一樣的事情發生了。

接下來的故事，邀請你一起來經驗，這些故事
多少在你的生活中都會出現，除了觀看情境文
章，也試著設身處地去經歷，並注意你自己的
心路歷程，將適合你的部分融入你自己，不一
樣的部分，當成警惕。

憤懑

情緒
進行
圖例

情境

騰豪

身體
反應

情緒
形成

內語
詮釋

策略
行動

情境

校長宣布即日起早上上學時會抽檢同學的書包，而且訓導主任也會不定時到各班去宣導。據說是因為之前有人在校園裡販毒的關係。美其名為宣導，其實是擔心還有其他人也在作這些交易，要搜查個徹底。這下好了，連帶本漫畫來學校都要提心吊膽。

校園裡好像因為這像高壓政策風平浪靜了一點，而且更糟糕的是，有些老師也開始仿傚這種連坐式的管理手段，就連家長會也默許。

其他班級的人都對騰豪這班有股怨氣，大家都在傳，那個被退學的藥頭就是不久前才被退學的胖虎，這下成了全校公敵。而騰豪這班也因此被列為重點班級，班導也被要求嚴加管教。

騰豪和班上的每個人當然都覺得委屈，因為胖虎的關係被冤枉、被連累，還要配合一些不人道的政策。班導好像覺得班上出了這種學生對

情緒
進行
圖例

情境

騰豪

身體
反應

情緒
形成

內語

詮釋

策略
行動

他很不光彩，對班上總有一股怒氣。現在班導要求每個人都當風紀股長，要主動檢舉身邊同學的不良行為，大至違禁品小至上課講話。要是被老師自己發現，座位旁邊其他八個人都要一起被處罰。

簡直是風聲鶴唳。這時班導又怒氣沖沖地走了進來，一瞬之間所有人都噤聲不語，深怕身邊的人又做了什麼蠢事，惹得自己又被連累。

「是誰！自己承認！是誰在體育館裡吸菸！」當然沒有人會承認，也沒有人知道是誰又幹了這件好事，說不定根本只是班導自己在發神經。

「不承認也沒有人要指認是不是！今天你們都不要想回家了！每個人給我寫對不起寫一千次！」班上每個人心都一沉。老師究竟是從哪裡聽來的風聲？

「還是沒有人承認是不是！」班導歇斯底里

地狂叫。

「很好！真沒種！你們也真有義氣！你們還要給我留下來寫悔過書！寫不到五千字不准走！」

騰豪再也忍受不了這種不白之冤。站起來和老師辯駁說這是子虛烏有的事情，一定是隔壁班在陷害他們在造謠。可是老師聽不進去，一口咬定就是班上的人！而班上的人居然也沒有人聲援騰豪，騰豪一個人孤零零地站著和老師對峙。

「夠了！葉騰豪你給我住嘴！我不想再聽你的滿口胡言！罰你做值日生一個月！」班導重重地拍了桌子，教室裡揚起一聲巨響。

身體反應

- 騰豪感到一陣腦充血，轟一聲空白一片。
- 臉頰因充血變通紅。
- 胸口中感到心跳快速而劇烈地跳動，像是聽得

情緒
進行
圖例

情境

騰豪

身體
反應

情緒
形成

內語

詮釋

策略
行動

Left sidebar navigation labels

情緒
進行
圖例

情境

騰豪

身體
反應

情緒
形成

內語 ⇨

詮釋

策略
行動

到心跳聲。

· 為了要忍住火氣，緊緊咬住牙。

· 用力地吞了一口口水。

· 我的部分是：

_____

🔗 情緒社群

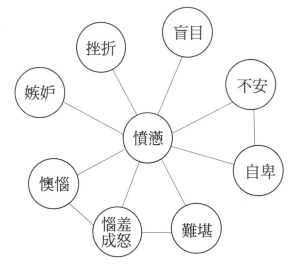

我的部分是：

_____

聯想（會被勾起的想法或故事，或往事）

- 為什麼大家都不說話？這些難道是應該的嗎？

- 班導起肖了，這樣罰我們有用嗎？

- 我的部分是：

內語（給自己的一句好用的話）

- 我認同為自己的看法發言，我實踐了我的勇氣。

- 老師也有老師的壓力，可以私下找老師談談。

- 聖嚴法師：唯有體驗了艱苦的境遇，才會有精進奮發的心。（摘自《聖嚴法師108自在語》）

- 證嚴法師：道德是提升自我的明燈，不該是喝斥別人的鞭子。（摘自《靜思語錄》）

- 我的部分是：

情緒
進行
圖例

情境

騰豪

身體
反應

情緒
形成

內語
詮釋

策略
行動

情緒進行圖例

情境

騰豪

身體反應

情緒形成

內語▶

詮釋

策略行動

姥話姥話

年輕人開始拓展自己的生活圈，開始和大環境互動，撞擊出火花，看似危險，卻是成長過程的必經關卡。

每個年輕人開始去實驗他內在思考的價值觀，去迎接外面真實的世界，有時會是無情的反應，這些挫折的經驗，代價是痛苦，人如果能通過考驗，就往成熟的路邁進，生命的深度就此開始累積。

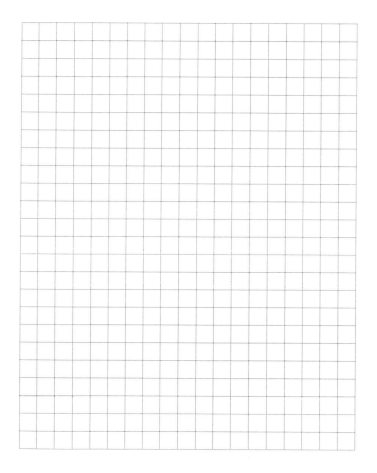

情緒
進行
圖例

情境

騰豪

身體
反應

情緒
形成

內語
詮釋

策略
行動

憤怒

情境

筱玲

身體
反應

情緒
形成

詮釋

內語

策略
行動

情緒
進行
圖例

情境

　　筱玲看著電視上女明星曼妙的舞步，每一個舉手投足都瀟灑美麗。「如果我可以跟她一樣就好了。」電視廣告真的很無情，跑馬燈跑出了減肥藥的廣告──一個禮拜不用運動，不需節食，輕輕鬆鬆讓您瘦下5公斤。來電請洽0920-xxx-x14。筱玲一手遲疑著要不要去拿電話，一手按著遙控器，電視轉到娛樂新聞台。剛好是那個女明星的新聞。狗仔偷拍她在小天家過夜！筱玲心裡閃過複雜的情緒：

　　「難道只有好身材才能擁有俊男美女童話般的愛情！」「不要臉的女人，搶我的小天！」「不！小天你怎麼可以這樣拋棄我！」「你這膚淺的男人，只愛她的胸部！」筱玲狠狠地關上電視。呸。姦夫淫婦。

　　隔天到了班上，所有的女生都在討論小天的緋聞。平常不愛和這些瘦小的女生來往的筱玲也

情緒
進行
圖例

情境

筱玲

身體
反應

情緒
形成

詮釋　內語

策略
行動

忍不住加入討論，一群女生一面倒地唾棄著那個女明星，說她憑什麼，一定是從泰國那邊不知道學會什麼邪術，才把小天勾引得團團轉。至於講到小天，整個討論局變得花枝亂顫，每個少女都笑得合不攏嘴，直說小天好帥好帥，此物只應天上有。看著這群骨瘦如柴的女生在發花癡，彷彿豺狼般地在啃食她的夢中情人，一時間，所有人的臉都變成那個女明星可憎的臉，在嘲笑著筱玲臃腫的身材和大臉。「夠了！」筱玲把桌子幾乎都拍飛了。

「小天是我的！你們這群蠢婦！」

在還沒有人知道該怎麼反應的時候，志祥第一個笑了出來。「哈哈哈，你以為你是誰啊。」笑聲這時候從四面八方此起彼落地響起。「也不去照照鏡子，你夠資格跟人家當女明星嗎？」志祥朝著筱玲這邊走來。筱玲不知道該怎麼反擊。「你這個胖子怎麼有勇氣跟人在這發花癡啊？」

志祥在筱玲背後說著。筱玲頓時顏面掃地，驀地，她掄起拳頭往後一揮。落了空。「哎喲，小胖妹還想打人。」志祥的嘻笑猶如亂拳，結結實實的打在筱玲臉上。筱玲再也忍受不住，朝志祥飛撲過去，志祥躲開了，班上又傳出一陣爆笑。筱玲咆哮著志祥的名字，往他追了過去，志祥跑開，一邊往後丟來「小象妹」、「恐龍妹」的傷人字眼，不顧筱玲笨拙的追趕。不用多久，筱玲龐大的身軀早就已經上氣不接下氣，旁觀人群的眼神猶如萬箭，刺向筱玲的心。筱玲頹軟在地，想要發出怒吼，她卻發現，她的身體除了喘氣，已經吐不出任何聲音。

身體反應

・心臟狂跳好像要跳出來。

・呼吸急促，氣喘不過來。

・思緒混亂。

情境

筱玲

身體
反應

情緒
形成

內語
詮釋

策略
行動

·腦衝血。

·咬牙切齒。

·我的部分是：

___

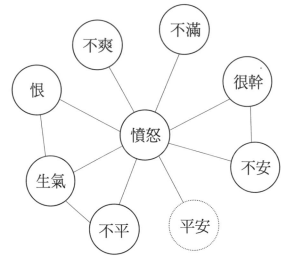

情緒社群

聯想（會被勾起的想法或故事，或往事）

·老娘胖關你屁事！

·總有一天要你好看！

- 為什麼我就是比別人胖？
- 小天快來救我吧……
- 我・一・定・要・減・肥！！！
- 我的部分是：

 內語（給自己的一句好用的話）

- 等我把自己弄好，讓你們刮目相看！
- 聖嚴法師：包容別人時，雙方的問題就解決了。（摘自《聖嚴法師108自在語》）
- 證嚴法師：生氣，就是拿別人的過錯來懲罰自己。（摘自《靜思語錄》）
- 我的部分是：

 姥話姥話

　　任何人在被攻擊時，本能的反擊，通常含

情境

筱玲

身體
反應

情緒
形成

情緒
進行
圖例

內語

詮釋

策略
行動

情緒
進行
圖例

情境

筱玲

身體
反應

情緒
形成

內語 ▷

詮釋

策略
行動

有一些憤怒和害怕。因為害怕會逼出潛能保護自己，脫離險境。憤怒則通常是被擊中要害，惱羞成怒。

很多情緒都夾帶充沛的能量，憤怒特別是如此。當憤怒被逼出來，你會挺身而出放手一搏。但因為此刻身體已經接收主控權，人會變得瘋狂不理智。怎樣善用憤怒的能量，來提升自己的能耐，是很值得投資心力的事情。特別是平常脾氣不好的人，更要注意這方面的修練。

不甘

情緒
進行
圖例

情境

小民

身體
反應

情緒
形成

詮釋

內語

策略
行動

情緒
進行
圖例

情境

小民

身體
反應

情緒
形成

內語
詮釋

策略
行動

情境

　　小民不懂，為什麼妹妹只是咳個嗽，老媽就緊張個半死，要她待在家裡好好休息，還跟公司請了假照顧她，而他發燒到39度，還是會被趕去學校上課。

　　真是不公平。小民一邊低聲抱怨，一邊走進教室。發現一群女生鬧轟轟的圍在一團，又是以恩，她又在發表那一套什麼女性主義的言論。小民覺得以恩是個恰北北的女生，要不是因為她長得漂亮，功課又好，才沒有人想要跟她作朋友，可惜這世界就是這麼膚淺，這麼現實，連老師都對以恩疼愛有加。簡直莫名其妙。

　　「我們再也不能被臭男生欺負了！」「我們要平等！」「我們要求我們作女生應該要有公平的待遇！」班上女生被以恩煽動得沸沸揚揚的，應和聲此起彼落。「我們不是弱者！男生做得到的我們也做得到！」所有的女生都在鼓掌。

情緒
進行
圖例

情境

小民

身體
反應

情緒
形成

內語

詮釋

策略
行動

「白癡。」小民冷眼看著這群瘋狂的女生，實在搞不懂她們在作什麼，從來就沒有人欺負過她們，只有她們在欺負人的分。他懷疑她們只是電視看太多了，然後盲目地跟著電視人物喊自己根本就聽不懂的口號。

上課鐘響，班導師走進教室宣布班上這次年度掃除被指派要去整理學校倉庫。全班譁然，這是所有人最不情願的苦工。結果以恩首先發難：「老師，那些東西都好重呵，我們女生力氣小，又瘦弱，很容易受傷。」以恩居然用撒嬌的口氣跟老師建議。「所以應該派男生去整理倉庫。」緊接著幾個女生也站起來表示大力贊成。

「不是才在說什麼你們不是弱者，男生做得到的你們也做得到嗎……」小民覺得這群女生真的好不要臉。

🏊 身體反應

・低頭嗤之以鼻。

・翻白眼，眼光斜視。

・雙手抱胸，身體斜站。

・我的部分是：

🐙 情緒社群

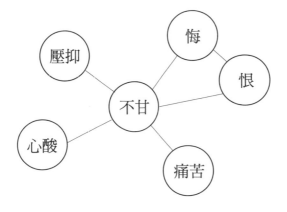

我的部分是：

情緒
進行
圖例

情境

小民

身體
反應

情緒
形成

內語
詮釋

策略
行動

情緒
進行
圖例

情境

小民

身體
反應

情緒
形成

內語

詮釋

策略
行動

 聯想（會被勾起的想法或故事，或往事）

・現在的女生是怎樣？這是個重女輕男的時代嗎？

・要男生出手也是要我們主動想幫忙才是啊！

・公主病大肆蔓延哪！

・我的部分是：

 內語（給自己的一句好用的話）

・現在付出一些，之後需要別人幫忙的時候，也比較容易得到援助。

・好男不與女鬥。

・孟子曰：天將降大任於斯人也，必先苦其心志，勞其筋骨，餓其體膚，空乏其身，行拂亂其所為，所以動心忍性，增益其所不能。

・證嚴法師：待人退一步，愛人寬一寸，就會活得很快樂。（摘自《靜思語錄》）

・我的部分是：

姥話姥話

現代大環境的**趨勢**，逐漸往兩性平等的方向前進，有些地方甚至女權已經占上風。

北台灣的大都會，這個現象相當普遍。女性被培養成獨立自主，敢說敢作獨當一面，這樣的風氣透過媒體，更是如火如荼地展開。

細心的父母親，請觀察一下，餐廳裡用餐比例，出外旅遊的男女比例，還有自己心中的評比標準。

奉勸年輕的男性們，早點領悟，男兒當自強！

情緒進行圖例

情境

小民

身體反應

情緒形成

內語
詮釋

策略行動

情境

怡君

身體
反應

情緒
形成

內語

詮釋

策略
行動

情緒
進行
圖例

怨

情緒
進行
圖例

情境

怡君

身體
反應

情緒
形成

內語
詮釋

策略
行動

 情境

　　怡君暗地裡喜歡志祥很久了，她只跟以恩說過，畢竟以恩是怡君的好朋友，而事實上以恩也是怡君唯一的朋友。從小就同班的她們倆個便很親近，只是到了國中之後，活潑開朗的以恩輕易地融入班上，直到最近怡君覺得以恩肯定是故意在疏遠她，兩個人彼此陪伴的時間變少了，愈來愈多時候校園裡出現怡君孤單的身影。

　　怡君常常自己一個人坐在教室的一角，想著：只要她長得漂亮一點，瘦一點，高一點，自然而然，老師就會多喜歡她一點，同學就會多歡迎她一點，成績就會高一點，爸媽會多愛她一點，零用錢會多一點，而且這樣志祥也就會多注意她一點。

　　這天下午，怡君有事找以恩。「以恩，你來我這邊一下，好不好？」以恩正和新來的轉學生聊得熱絡。

情緒
進行
圖例

情境

怡君

身體
反應

情緒
形成

內語▷

詮釋

策略
行動

「怎麼了嗎？等一下嘛。你沒看到我聊的正開心嗎？」怡君站在旁邊覺得備受冷落。

「一下就好了，來一下嘛。」怡君還是把以恩拉到一旁。

「你看，課外閱讀心得報告發回來了耶，你看，你的比我還高分。」明明都是怡君寫的，以恩的那份分數硬生生比怡君自己的高出了十分。果然，老師是比較疼那些好學生。

「是嗎。」以恩看起來有些不耐。

「對了，昨天託你拿給志祥的生日禮物，他收到了嗎？」生性膽怯的怡君，這一、兩個月以來，陸陸續續地託以恩送了許多東西到志祥手裡。

「有啊。」

「那他看到的反應怎麼樣？」

「普通耶，沒什麼太大的反應。」

「是呵。」怡君臉上難掩失望的表情。「那

你今天可以再幫我把喬巴變身筆拿給他嗎，我集了一個月的貼紙才換到的。」

「嗯……」以恩顯得有些為難。「好吧。不過你可以幫我寫這禮拜的英文作文嗎？」

「好的好的。」「不過你記得千萬不要告訴志祥說是我送的呵。」

「知道啦。」

「以恩，等等下課我們去逛街好嗎？我們好久沒有一起出去玩了。」

「今天晚上，我家裡有事耶。」

「那明天呢？」

「呃……那明天再說好了。」

放學後在校門口，怡君遠遠地看到了志祥，正想走近一點，志祥身邊卻冒出了一個親暱的人影，抓著他的衣袖。是以恩。

怡君還來不及反應，接著看見以恩遞上那隻喬巴造型筆，志祥笑得好不開懷，接著在以恩臉

情境

怡君

身體
反應

情緒
形成

內語

詮釋

策略
行動

情緒
進行
圖例

情緒
進行
圖例

情境

怡君

身體
反應

情緒
形成

內語

詮釋

策略
行動

上迅速地啄了一下。

「聽說志祥跟以恩在交往了。」校門口人潮洶湧，怡君身旁傳來耳語。

「真的嗎！什麼時候的事？」另外一個女生興奮地問。

「聽說是昨天，聽說是志祥的生日，以恩特地送了一份禮物，然後……」

 身體反應

・腦袋轟然一聲一片空白。

・面部蒼白僵硬。

・呼吸急促。

・心往下沉。

・我的部分是：

_____

情緒社群

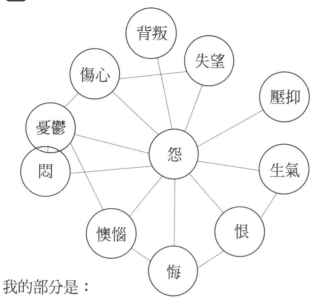

我的部分是：

_____

 聯想（會被勾起的想法或故事，或往事）

· 原來我一直被好朋友利用了，被騙了。

· 她把我的禮物轉送給他，小偷！

· 為什麼要這樣？怎麼是這樣？我一直對她那麼
好？

情緒
進行
圖例

 情境

怡君

身體
反應

情緒
形成

內語

詮釋

策略
行動

情緒
進行
圖例

情境

怡君

身體
反應

情緒
形成

內語

詮釋

策略
行動

· 太可惡了！

· 我的部分是：

_____

 內語（給自己的一句好用的話）

· 聖嚴法師：識人識己識進退，時時身心平安；
  知福惜福多培福，處處廣結善緣。（摘自《聖
  嚴法師108自在語》）

· 證嚴法師：與人相處要去除我執，擴大心胸，
  客客氣氣，互讓互愛。（摘自《靜思語錄》）

· 我的部分是：

_____

 姥話姥話

　　這種長時間的友情關係中，以恩和怡君之間
有了錯綜複雜的情誼。從小就認識，並不定會變
成好朋友，要能彼此願意維持互動，才能讓朋友

關係深入，並彼此信任。

　　表面上以恩對不起怡君，另一個角度卻看到怡君對以恩的依賴，怎樣能夠維持一段終生的友誼，是一件很困難卻是值得用心經營的事情。

　　檢視一下你身邊有超過五年的好朋友嗎？

情緒
進行
圖例

情境

怡君

身體
反應

情緒
形成

內語
詮釋

策略
行動

愧疚

情緒進行圖例

情境

大雄

身體反應

情緒形成

內語

詮釋

策略行動

情境

周記發下來了。大雄照往例打開準備看老師的評語，發現最新的這一篇被老師對折然後用醬糊黏死了。他這才想起他寫了些什麼事情。突然，教室後方砰的傳來一聲巨響。

是胖虎。他一腳踹開小叮噹的桌子。「說！是不是你去說的！」胖虎一竿子狐群狗黨五、六人圍將上來。「你說什麼？」小叮噹的聲音有些顫抖。早上到學校的時候，他就已經聽說，胖虎昨天下課的時候，被導師叫去罰站。老師聽說非常生氣。消息來源是這樣說的。大雄站了起來，不確定是不是要過去那混亂的現場。「哏！你跟老子裝什麼傻！」胖虎朝桌子狠狠地拍了一掌。

「我不知道你在說什麼。」

「不是你還有誰！我上禮拜拿菸出來的時候也只有你看到！」

「我不知道那是什麼！」

情緒進行圖例

情境

大雄

身體反應

情緒形成

內語
詮釋

策略行動

情緒
進行
圖例

情境

大雄

身體
反應

情緒
形成

內語

詮釋

策略
行動

「所以你有看到！」

「我真的不知道，你在說什麼。」小叮噹眼眶已經被逼出淚來。

「唉，不會是他啦。」不知道是誰突然替小叮噹開脫。

大雄這時候看到小叮噹對他拋出求救的眼神。

「不是他還會有誰！」胖虎咄咄逼人。「真的不是我。」小叮噹的兩行淚這時候已經源源不絕地掉下來。「你覺得這樣很好玩嗎！打我的小報告！」大雄聽到小叮噹嗚嗚不住的哽咽聲。「我跟你講！我豁出去了！我也不差這一個大過！退學就退學！」胖虎的手指頭朝小叮噹的太陽穴連戳了好幾下。「學校已經管不住我了！我看還有誰給你靠！」「不是我……不是我……真的不是我……」「哭！會哭了不起，是不是！」胖虎從小叮噹的書包裡掏出了他的錢包，把所

有的錢抽走，然後趴的一聲，往小叮噹臉上丟過去。「沒有那麼簡單！學《水果日報》當狗仔是不是！那個老女人是給你多少錢，每天報我們的料！賤人！爛東西！」

小叮噹一直往大雄這邊看，好像希望大雄可以做些什麼。

「沒有那麼簡單！爛嘴！」胖虎拍著小叮噹的臉頰。一。二。三。「放學有你受的！亂講話會下地獄！你知道還會怎麼樣嗎！拔牙齒！拔舌頭！」

「走著瞧！」胖虎狠狠地推了小叮噹的背，小叮噹從椅子上跌了下來。

胖虎一群人揚長而去。好一會之後，才有人把小叮噹扶了起來。小叮噹的哭聲漸漸微弱，而大雄自始自終都站在原地看著小叮噹。這時候，小叮噹抬起頭來，朝他這狠狠地瞪了一眼。

情緒
進行
圖例

情境

大雄

身體
反應

情緒
形成

內語
詮釋

策略
行動

情緒進行圖例

情境

大雄

身體反應

情緒形成

詮釋

內語

策略行動

 身體反應

・全身緊繃。

・不知所措。

・手腳僵硬下垂。

・表情僵硬不敢直視。

・我的部分是：

情緒社群

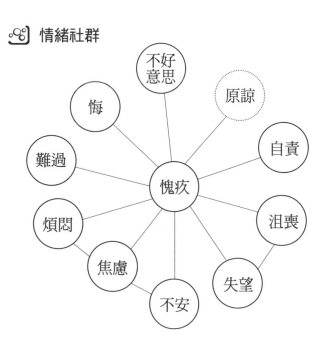

我的部分是：

_____

 聯想（會被勾起的想法或故事，或往事）

· 小叮噹對不起，我不知道事情會變成這樣……

· 我又不是故意的……

· 可以做什麼補償小叮噹嗎？

· 應該不是因為我吧？他們也沒來找我啊。對啦，只是周記被黏，又不一定是我？

· 胖虎應該不會來找我報仇吧？

· 我的部分是：

_____

 內語（給自己的一句好用的話）

· 人生的起起落落，都是成長的經驗。

· 我的部分是：

_____

情緒進行圖例

情境

大雄

身體反應

情緒形成

內語

詮釋

策略行動

情境

大雄

身體
反應

情緒
形成

內語

詮釋

策略
行動

情緒
進行
圖例

🏠 姥話姥話

這個故事有關背叛，當自己被背叛時，很多時候會因為對方是自己的好朋友或親人，更讓人感到受傷更痛，越小遭遇到這樣的創傷，越影響到對他人的信任感。

更難受的部分是自責，如果自己意識到背叛他人，而這個人是自己的親朋好友，通常會出現自責。讓自己無法面對對方，會設法懲罰自己來平衡這種感受。

雙方要從這種事件中學習的同一件事情，就是：原諒！

情緒
進行
圖例

情境

大餅

身體
反應

情緒
形成

內語

詮釋

策略
行動

傷心

情境

　　大餅是一個功課普通、有禮貌、外表長得很平凡的國一男生,從國小畢業進到這個國中已經過了一學期,平常他都很有耐心,也很友善地對待周邊的同學,盡量去對別人好,碰到有爭執的時候會選擇主動退讓,有好東西的時候會盡量跟別人分享,特別是有次知道別人生日的時候,還

偷偷地認真為對方準備了充滿驚喜的小禮物，對
方還說下次也要給大餅生日禮物。

　　因此，這次他生日前一個禮拜，他就暗自期
待自己是不是也會收到很多人的祝福，會不會有
什麼驚喜，或是會不會有人送他生日禮物，隨著
日子接近，他也默默在觀察同學們是不是有在幫
他準備過生日的計畫，發現同學沒有特別的行動
時，還暗自認為同學們這次準備得真好，保密到
家了。

　　生日這一天，他早早就醒了，他想，至少媽
媽不會忘了自己的生日吧。可是這一天媽媽起得
比較晚，也要急著上班，臨出門前，她才突然想
起，對大餅說：「哎呀，寶貝，差點忘了今天是
你生日！可是我還沒準備耶，這邊有兩百塊你先
拿去，等我下班後我再幫你慶祝！」大餅有點笑
不出來，把錢收好就一個人默默地上學去。

　　走進教室，看到同學們各自努力地在自修，

情緒
進行
圖例

情境

大餅

身體
反應

情緒
形成

內語
詮釋

策略
行動

情緒
進行
圖例

情境

大餅

身體
反應

情緒
形成

內語

詮釋

策略
行動

因為明天就是段考了。大餅心裡想，自己好像也應該專心準備明天的段考，可是大部分精神都分散在觀察有沒有什麼特別的驚喜，可是他看看桌上，好像沒有生日卡片，看看抽屜，好像也沒有神祕禮物，甚至還彎下腰看看椅子底下，也沒有發現，思緒都花在等著有沒有特別的驚喜，也沒心思念書……

下午，老師將昨天小考的考卷發還給大家，這次考試很難，原本信心滿滿的大餅，拿到考卷後卻發現自己的成績竟然沒有及格，下課後班上同學圍在旁邊那個考滿分的同學座位旁，猛誇他好厲害。

放學的時間到了，大餅心裡還在期待著同學為他準備的驚喜，看著大家收拾書包準備離開了，「今天是我的生日耶」這句話含在大餅嘴裡卻說不出口……

身體反應

・心的部位感到一種又酸又無力的感覺。

・胸悶。

・眼淚在眼眶打轉，想哭。

・動作緩慢。

・我的部分是：

 情緒社群

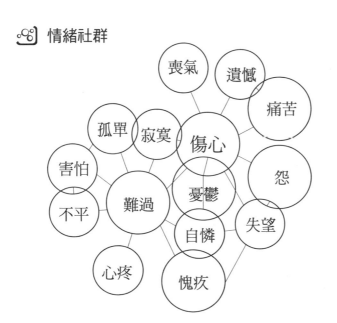

情緒
進行
圖例

情境

大餅

身體
反應

情緒
形成

內語
詮釋

策略
行動

情緒
進行
圖例

情境

大餅

身體
反應

情緒
形成

內語

詮釋

策略
行動

我的部分是：

_____

 聯想（會被勾起的想法或故事，或往事）

・我不重要。

・大家都不關心我。

・別人不喜歡我。

・我沒有朋友。

・我是沒有價值的人。

・真沒趣。

・我的部分是：

_____

 內語（給自己的一句好用的話）

・生日是母難日，回去謝謝老媽！

・一個人的我也可以很快樂！

・可能段考到了，大家太緊張才會忘了。

・聖嚴法師：在生活中不妨養成：「能有，很好；沒有，也沒關係」的想法，便能轉苦為樂，便會比較自在了。（摘自《聖嚴法師108自在語》）

・我的部分是：

情緒
進行
圖例

情境

大餅

身體
反應

情緒
形成

內語
詮釋

策略
行動

姥話姥話

傷心是表示有了自我的概念，感覺到自己很可憐，很孤單，很失敗。為了生日被忽略而傷心，比較簡單。先去為自己買個好吃的零嘴為自己慶祝一下，一個人的自己也可以很快樂。一個人慶祝，會有一種豪氣：認了，接受事實！

當你可以一個人過生日，別人的祝福，就都是加分。當你要靠別人慶祝，那就很容易不及格囉！

同情

 情境

　　當老師宣布小民這次數學考一百分的時候，全班譁然，尤其這一次的考題又是號稱滅絕師太的數學老師出題的。畢竟在一年級的時候，小民的成績雖不至於太差，但也不會引起別人的注

意。上台領考卷的時候，小民似乎可以領受欽佩與懷疑的眼光，當然，他絕對是很開心的，而且很欣慰，辛苦的暑假終有了回報。

　　小民在小學的時候成績可是數一數二，怎料一升中學之後，到了新環境的他適應不良，而且反應到他的成績上，從風雲人物到一個無名小卒不免讓他失落。這個暑假他央求著上高中的哥哥教他功課，代價是兩個月的零用錢跟三不五時的跑腿。要追上一整年的進度並不容易，尤其哥哥又沒耐性，有時候小民一個腦筋轉不過來，常常講了兩、三次都聽不懂，哥哥出言譏諷，雖然屈辱難過，但小民還是熬過來了，一整個暑假宅在家裡念數學的小民，如今終於嘗到成功的喜悅。

　　班上的人好像還是對於小民的滿分感到不太確定，也許有可能只是碰巧吧。下課後並沒有人圍上來請教他，也許是大家不知道怎麼開口的關係，而且在這之前，他在班上只是一個普普通通

情緒
進行
圖例

情境

小民

身體
反應

情緒
形成

內語
詮釋

策略
行動

情境

小民

身體
反應

情緒
形成

內語

詮釋

策略
行動

情緒
進行
圖例

若有似無的人。

「小民。」突然有個聲音接近他。「我可以問你這次的數學考卷嗎？」小民回頭一看，是阿樹。他怯生生的拿著數學考卷，有點顫抖的看著小民。

「嗯，哪邊？」小民在桌子上攤開他的考卷，然後拿出計算紙跟筆。

問了一、兩題的阿樹，放開膽子繼續問了下去。「小民，這題我還是聽不懂。」於是小民更仔細地講了一次。「我……還是不懂。」阿樹搔搔腦袋，滿頭心急的汗水開始源源而出，看著一臉徬徨的阿樹，小民彷彿看著當初自己在問哥哥功課的自己，已經沒有耐心的哥哥語帶怒氣，一邊懊惱著自己笨，又擔心哥哥生氣，然後就沒有人教他，他成績就永遠都很差。

「沒關係，我再慢慢講一次給你聽，你一不懂，就教我停一下，我再講仔細一點。」小民對

著阿樹露出微笑說。

 身體反應

・身體很放鬆，溫暖。

・很有精神。

・頭腦清晰。

・我的部分是：

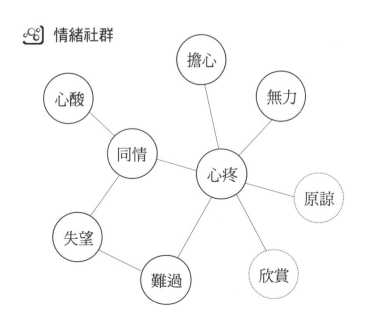 情緒社群

情緒
進行
圖例

情境

小民

身體
反應

情緒
形成

內語
詮釋

策略
行動

情境

小民

身體
反應

情緒
形成

內語
詮釋

策略
行動

情緒
進行
圖例

我的部分是：

_____

 聯想（會被勾起的想法或故事，或往事）

・想當初我也是這樣。

・孩子的未來不能等，去補習吧！

・天啊，你還不懂！你慢慢想我去上個廁所先。

・原來真有人怎麼樣都教不會，努力不見得會有
　收穫。

・我的部分是：

_____

 內語（給自己的一句好用的話）

・聖嚴法師：慈悲沒有敵人，智慧不起煩惱。
　（摘自《聖嚴法師108自在語》）

・證嚴法師：人生最大的成就是從失敗中站起
　來。（摘自《靜思語錄》）

・我的部分是：

_____

 姥話姥話

很多時候人們認為同情心，是為別人好。其實真正的情況是對自己好，除了佛家說積陰德的說法之外，你在出現同情心當時，你的整個人是包圍在一種正向能量當中。

相對的，被你同情的人，就成了是弱者，甚至是失敗者。所以當你陶醉在同情的情緒中時，不妨留意一下對方，如果他不開心，你就要警覺了。

情緒
進行
圖例

情境

小民

身體
反應

情緒
形成

內語
詮釋

策略
行動

終章

選擇正向的價值觀

　　情緒來無影去無蹤，又會累積又會影響個人，怎樣可以紓解情緒？萬一情緒來的當下，我們沒有足夠的時間處理他，怎樣可以不讓情緒立刻爆發？這也算是管理的一環。

　　情緒由感受延伸出來，感受和呼吸一樣無時無刻的存在，是聯繫內在世界和外在世界的通道，可惜我們的感官結構，無法公平地對待內外在世界，所以我們要學會如何往內去觀察我們的「內在世界」，才能清楚地認識我們自己和真實的存在，不被自己的成見和習性所控制而不自知。

　　平常我們要留心去增加我們的正向想法，遇到能感動你的好話，收藏在內心，會在困境來時，為你帶來力量。選擇正向的價值觀，比如：「善待自己和別人將心比心！」和「只要我喜歡有麼不可以！」之間，你會選擇哪

一個？一個概念會累積自己的行為，變成習性，人生因此被消費掉。

這些學習是終生學習，如果我們順利學會和情緒共處，我們可以透過情緒的升起、消去，體驗生活中的變幻無常，所有事情都會成為過去，像是呼吸、像是情緒。碰到困境，我們會有信心知道這些都會成為過去，碰到順境時，我們也會警覺，這一切也會過去，不會過度執著期待擁有美好的事物，這樣的態度面對生活，生命會不一樣。

許多人已經將情緒管理當成一門學問來學習，邀請你也一起來！

另有一件事要提，有一種和情緒一樣無形的力量，也深深地左右人的抉擇。它不像情緒一樣地透過身體來提醒我們注意，卻潛入思考中，直接接收「作決定」的方向盤，更不著痕跡地把自己帶往競爭掠奪的世界。

這股力量叫「欲望」，包括期望、願望、期待、期許、希望、理想……

期待有機會來探討這個主題！

國家圖書館出版品預行編目資料

別跟自己過不去／謝芬蘭等著. -- 初版. -- 台北
　市：幼獅, 2010.10
　　　面；　　公分. --（智慧文庫）
　　ISBN 978-957-574-788-6（平裝）

　　1.情緒管理　2.青少年輔導

　176.52　　　　　　　　　　　　99017568

・智慧文庫・
別跟自己過不去

作　　　者＝謝芬蘭等
繪　　　圖＝林俐
出　版　者＝幼獅文化事業股份有限公司
發　行　人＝李鍾桂
總　經　理＝王華金
總　編　輯＝劉淑華
主　　　編＝林泊瑜
編　　　輯＝周雅娣
美術編輯＝李祥銘
總　公　司＝(10045)台北市重慶南路1段66-1號3樓
電　　　話＝(02)2311-2836
傳　　　真＝(02)2311-5368
郵政劃撥＝00033368

門市
●松江展示中心：(10422)台北市松江路219號
　電話：(02)2502-5858轉734　傳真：(02)2503-6601
●苗栗育達店：36143苗栗縣造橋鄉談文村學府路168號（育達科技大學內）
　電話：(037)652-191　傳真：(037)652-251

印　　　刷＝崇寶彩藝印刷股份有限公司　　　幼獅樂讀網
定　　　價＝220元　　　　　　　　　　　　http://www.youth.com.tw
港　　　幣＝73元　　　　　　　　　　　　e-mail:customer@youth.com.tw
初　　　版＝2010.10
四　　　刷＝2014.05
書　　　號＝954208

基本資料

姓名：＿＿＿＿＿＿＿＿＿＿＿＿＿＿先生／小姐

婚姻狀況：□已婚 □未婚　職業： □學生 □公教 □上班族 □家管 □其他

出生：民國＿＿＿＿年＿＿＿＿月＿＿＿＿日

電話：（公）＿＿＿＿（宅）＿＿＿＿（手機）＿＿＿＿

e-mail：＿＿＿＿＿＿＿＿＿＿＿＿＿＿＿＿＿＿

聯絡地址：＿＿＿＿＿＿＿＿＿＿＿＿＿＿＿＿

1.您所購買的書名： **別跟自己過不去**

2.您通常以何種方式購書？：□1.書店買書 □2.網路購書 □3.傳真訂購 □4.郵局劃撥
　　　　　　（可複選）　　□5.幼獅門市 □6.團體訂購 □7.其他

3.您是否曾買過幼獅其他出版品：□是，□1.圖書 □2.幼獅文藝 □3.幼獅少年
　　　　　　　　　　　　　　　□否

4.您從何處得知本書訊息：□1.師長介紹 □2.朋友介紹 □3.幼獅少年雜誌
　　　　　　（可複選）　　□4.幼獅文藝雜誌 □5.報章雜誌書評介紹＿＿＿＿＿＿報
　　　　　　　　　　　　　□6.DM傳單、海報 □7.書店 □8.廣播(　　　　　)
　　　　　　　　　　　　　□9.電子報、edm □10.其他＿＿＿＿＿＿

5.您喜歡本書的原因：□1.作者 □2.書名 □3.內容 □4.封面設計 □5.其他

6.您不喜歡本書的原因：□1.作者 □2.書名 □3.內容 □4.封面設計 □5.其他

7.您希望得知的出版訊息：□1.青少年讀物 □2.兒童讀物 □3.親子叢書
　　　　　　　　　　　　□4.教師充電系列 □5.其他

8.您覺得本書的價格：□1.偏高 □2.合理 □3.偏低

9.讀完本書後您覺得：□1.很有收穫 □2.有收穫 □3.收穫不多 □4.沒收穫

10.敬請推薦親友，共同加入我們的閱讀計畫，我們將適時寄送相關書訊，以豐富書香與心
　　靈的空間：

(1)姓名＿＿＿＿＿＿e-mail＿＿＿＿＿＿電話＿＿＿＿＿＿

(2)姓名＿＿＿＿＿＿e-mail＿＿＿＿＿＿電話＿＿＿＿＿＿

(3)姓名＿＿＿＿＿＿e-mail＿＿＿＿＿＿電話＿＿＿＿＿＿

11.您對本書或本公司的建議：

10045　台北市重慶南路一段66-1號3樓

幼獅文化事業股份有限公司

請沿虛線對折寄回

客服專線：02-23112836分機208　傳真：02-23115368

e-mail：customer@youth.com.tw

幼獅樂讀網http：//www.youth.com.tw